福建省农业科技发展态势分析报告

2018—2022

段园园 著

中国农业科学技术出版社

图书在版编目（CIP）数据

福建省农业科技发展态势分析报告：2018—2022 / 段园园著. -- 北京：中国农业科学技术出版社，2024.11. -- ISBN 978-7-5116-7162-2

Ⅰ.F327.57

中国国家版本馆CIP数据核字第2024M64P97号

责任编辑　穆玉红
责任校对　马广洋
责任印制　姜义伟　王思文

出 版 者	中国农业科学技术出版社
	北京市中关村南大街12号　　邮编：100081
电　　话	（010）82109708（编辑室）（010）82109702（发行部）
	（010）82109709（读者服务部）
网　　址	https://castp.caas.cn
经 销 者	各地新华书店
印 刷 者	北京建宏印刷有限公司
开　　本	170 mm×240 mm　1/16
印　　张	11.25
字　　数	187千字
版　　次	2024年11月第1版　2024年11月第1次印刷
定　　价	45.00元

▶━━◆ 版权所有·侵权必究 ◆━━◀

前 言

随着全球经济一体化的不断深入，农业科技发展已成为推动农业现代化、提高农业生产效率和保障国家粮食安全的关键因素。福建省作为中国东南沿海的经济大省，农业资源丰富，农业在全省高质量发展中占有重要地位。近年来，福建农业科技发展取得了显著的成果，为推进福建特色现代农业高质量发展提供了强有力的科技支撑。然而，面对国内外市场竞争加剧、资源环境约束日益严重等挑战，福建省农业科技创新发展亟待转型升级，如何进一步加快基础农业原创研究，强化特色创新研究，精准支持科技研发，知己知彼是关键的一步。因此，全面系统的分析福建省农业科技各领域的发展态势、研究热点和研究前沿，对于推动福建省农业科技创新和可持续发展具有现实意义。

本书从科技情报的角度，运用文献计量学的方法，结合信息可视化技术，对2018—2022年Web of Science™核心合集中的SCIE数据库和中国科学院国家科学图书馆Web of Science™核心合集中的CSCD数据库等两大科学引文数据库的核心期刊论文进行了分析，客观展示了福建省7个农业核心技术领域的发文量、研究机构、核心团队、科研产出、研究热点和发展趋势等情况，同时，借助知识图谱进行结果的可视化展示，将复杂的数据转化为直观的图表和图形，使读者能够更加清晰地理解福建省农业科技的发展态势。

书稿共分六章，包括福建省的种植业、养殖业、农产品加工业、农产品质量安全、农业科技总体发展态势与展望。涵盖现代种业、农作物种植、农作物病虫害防控、畜禽水产养殖、动物疫病防控、农产品加工、农产品质量

i

安全7个农业技术领域。分析了2018—2022年我国在这7个农业技术领域发表的SCI论文和CSCD论文总量，以及福建省的相应数量；从福建相应学科的论文占比和论文增长率在全国排名来分析该学科在全国的学术生产力和学术影响力，并通过数据挖掘和主题聚类等技术，对福建省主要研究机构、核心团队、机构合作、科研产出与地位表现、研究热点趋势、前沿主题识别等进行深入分析，进而为科研机构、创新团队和科研人员提供福建相应学科的发展水平评估及借鉴。在总体发展态势方面，综合SCI和CSCD发文的表现力来看，福建省在农产品加工领域、农产品质量安全领域、现代种业领域和农作物种植领域是农业科技发展的优势领域，而农作物病虫防控领域、畜禽水产养殖领域和动物疫病防控领域是亟待加强研究布局的领域。但从SCI论文篇数平均被引频次来看，畜禽水产养殖领域、动物疫病防控领域的排名最高，说明该领域的论文质量最为突出。最后，我们希望通过本书的撰写和出版，能够为福建省农业科技政策的制定，为政府科技管理部门、科研机构和相关学科领域的科研人员提供数据参考和情报支撑。

  本书是福建省人民政府和中国农业科学院——农业高质量发展超越"5511"协同创新工程之———福建省乡村振兴高端智库（XTCXGC2021022）的专题研究项目，在此衷心感谢智库首席专家曾玉荣研究员的大力支持、指导和鼓励。同时，《福建省农业科技发展态势分析报告》也是福建省属公益类专项"我国家庭农场研究成果分析及福建实践研究"（2022R1033005）项目的成果之一，并受到"台湾贸易政策不确定性对台商大陆农业投资的影响"（2021R1033007）项目的经费支持。报告撰写过程中，感谢中国农业科学院农业信息研究所林巧副研究馆员的大力协助和技术指导；报告从选题到内容安排，再到关键词构建和分析策略的选择，都得到福建省农业科学院农业经济与科技信息研究所领导和课题组同事们的支持和帮助，在此一并表示感谢！

段园园
2024年8月

目 录

第一章 数据来源及相关解释 ··· 1
1.1 数据来源及术语解释 ··· 1
1.2 分析工具及研究方法 ··· 2
1.3 检索结果 ·· 4

第二章 种植业篇 ·· 5
2.1 福建省现代种业科技发展趋势 ·· 5
2.2 福建省农作物种植技术发展趋势 ··· 23
2.3 福建省农作物病虫害防控技术发展趋势小结 ···························· 42

第三章 养殖业篇 ··· 63
3.1 福建省畜禽水产养殖技术发展趋势 ······································ 63
3.2 福建省动物疫病防控技术发展趋势小结 ································· 84

第四章 农产品加工篇 ·· 104
4.1 福建省农产品加工技术总体发展与变化趋势 ·························· 104
4.2 研究机构与核心团队 ··· 106
4.3 科研产出与地位表现 ··· 110
4.4 研究热点与发展趋势 ··· 118
4.5 前沿主题识别 ·· 120
4.6 福建省农产品加工技术发展趋势小结 ·································· 121

第五章　农产品质量安全篇 ·········· 124

- 5.1 福建省农产品质量安全技术总体发展与变化趋势 ·········· 124
- 5.2 研究机构与核心团队 ·········· 126
- 5.3 科研产出与地位表现 ·········· 130
- 5.4 研究热点与发展趋势 ·········· 138
- 5.5 前沿主题识别 ·········· 140
- 5.6 福建省农产品质量安全技术发展趋势小结 ·········· 142

第六章　福建省农业科技总体发展态势 ·········· 144

附录　各领域技术分解表 ·········· 146

参考文献 ·········· 168

第一章 数据来源及相关解释

1.1 数据来源及术语解释

● Science Citation Index Expanded（SCIE，科学引文索引）

Web of Science™ 核心合集数据库收录了 21 800 多种世界权威的、高影响力的学术期刊，内容涵盖自然科学、工程技术、生物医学、社会科学、艺术与人文等领域，最早回溯至 1900 年。

Science Citation Index Expanded（SCIE，科学引文索引）：涵盖 176 个学科的 8 600 多种高质量学术期刊，数据最早可回溯至 1900 年。

本研究外文文献数据来源于 Web of Science™ 核心合集中的 SCIE 数据库。数据年限均为 2018—2022 年，检索时间为 2023 年 5 月 5 日。

● Chinese Science Citation Database（CSCD，中国科学引文数据库）

为了更好地展示中国的学术研究成果，科睿唯安于 2007 年与中国科学院开展战略合作项目，即将中国科学引文数据库（CSCD）引入现 Web of Science™ 平台。

CSCD 由中国科学院国家科学图书馆创建于 1989 年，其编辑政策与 Web of Science™ 核心合集的编辑理念相似，遵循多学科性和完整性。目前，CSCD 已经收录了我国数学、物理、化学、天文学、地学、生物学、农林科学、医药卫生、工程技术、环境科学和管理科学等领域出版的 1 500 多种中英文科技核心期刊和优秀期刊，包含从 1989 年至今的论文记录 570 多万条。

本研究中文文献数据来源于 Web of Science™ 核心合集中的 CSCD 数据库。数据年限均为 2018—2022 年，检索时间为 2023 年 5 月 5 日。

● 研究热点

词频是指所分析的文档中词语出现的次数。在科学计量研究中，可以按照学科领域建立词频词典，从而对科学家的创造活动作出定量分析。词频分析法就是利用能够揭示或表达文献核心内容的关键词或主题词在某一领域文献中出现的频次高低来确定该领域研究热点和发展方向的文献计量方法。由于一篇文献的关键词是文章核心内容的浓缩和提炼，因此，如果某一关键词或主题词在其所在领域的文献中反复出现，则反映出该关键词或主题词所表征的研究主题是该领域的研究热点。

❀ 研究前沿

在科学研究主题不断地动态演变中，及时探测、识别并追踪某一专业领域的最新前沿，既是科研人员必须具备的基本素养，又是科研管理者进行科学决策的重要依据。科睿唯安定义被称作"研究前沿"的专业领域的办法，源于科学研究之间存在的某种特定共性，这种共性可能来自实验数据，也可能来自研究方法、概念或假设，并反映于科学家在论文中引用其他科学家工作这一学术行为中[①]。研究前沿是受到高度关注、具有发展潜力和一定影响力的代表着研究难点、热点与趋势的研究问题，它具备新颖性、成长性、影响力等最典型特征。研究前沿预示了科技研究发展方向，分析研究前沿及其内部演化有助于了解科技前沿发展方向，预测未来的科技发展趋势，对科研资源的布局及研究方向的调整都有着重要参考价值。

1.2　分析工具及研究方法

❀ Derwent Data Analyzer

本次分析主要采用了科睿唯安的专业数据分析工具（Derwent Data Analyzer，DDA），DDA 是一个具有强大分析功能的文本挖掘软件，可以对文本数据进行多角度的数据挖掘和可视化的全景分析，还能够帮助情报人员从大量的专利文献或科技文献中发现竞争情报和技术情报，为洞察科学技术的发展趋势、发现行业出现的新兴技术、寻找合作伙伴，确定研究战略和发展方向提供有价值的依据，本研究使用 DDA 软件对福建省农业领域核心技术进行计量分析。

❀ VOSviewer

共词分析的基本原理是对一组词两两统计它们在同一组文献中出现的次数，通过这种共现次数来测度它们之间的亲疏关系。VOSviewer 是荷兰莱顿大学 CWTS 研究机构的相关研究人员专门开发的用于科学知识图谱绘制的有效工具，可以以标签视图、密度视图、聚类视图和分散视图等方式实现知识单

---

① http://www.esi-topics.com/RFmethodology.html.

元的可视化。基于 VOSviewer 关键词共现热力图和聚类图，我们可以从完全客观的角度挖掘某一领域的研究热点。本次分析主要采用 VOSviewer 分析和展示福建省 7 个农业核心技术领域的研究热点趋势。

❖ Citespace

Citespace 是美国 Drexel 大学陈超美教授开发的，用来分析和可视共被引网络的 Java 程序，是一款着眼于分析科学文献中蕴含的潜在知识，并在科学计量学、数据和信息可视化背景下逐渐发展起来的一款多元、分时、动态的引文可视化分析软件。该软件主要基于共引分析理论和寻径网络算法等，对特定领域文献（集合）进行计量，以探寻出学科领域演化的关键路径及知识转折点，并通过一系列可视化图谱的绘制来形成对学科演化潜在动力机制的分析和学科发展前沿的探测。

知识基础是由共被引文献集合组成的，而研究前沿是由引用这些知识基础的施引文献集合组成的。在 Citespace 中，一个学科的研究前沿表现为涌现的施引文献群组。它从两个方面来体现研究前沿的特征：描述观点的正文和引用的参考文献。具体来说，研究前沿是由形成文献共被引矩阵中的文献及其施引文献中使用的突现词和突现词的聚类来体现的。

Citespace 自动聚类的实现是依据谱聚类算法，谱聚类本身就是基于图论的一种算法，因此它对共引网络这种基于连接关系而不是节点属性的聚类具有天然的优势。传统的聚类算法，如 K-均值算法、EM 算法等都是建立在凸球形的样本空间上，但是样本空间不为凸时，算法就会陷入局部最优。谱聚类算法正是为了弥补上述算法的这一缺陷而开发的，它可以对任意形状的样本空间进行聚类，且收敛于全局最优解。聚类标签词来源于施引文献，可以从施引文献的"标题""关键词"或"摘要"中提取，提取办法基于三种排序算法，即 LSI 算法、LLR 对数似然率算法以及互信息算法。本研究根据分析需要选择 LLR 对数似然率算法从关键词中提取。

Citespace 依据网络结构和聚类的清晰度，提供了模块值（简称 Q 值）和平均轮廓值（silhouette，简称 S 值）两个指标，它可以作为我们评判图谱绘制效果的依据。Q 值一般在区间 [0, 1] 内，Q>0.3 说明划分出来的社团结构是显著的。Citespace 提供三种视图：聚类视图、时间线视图和时区视图，本研究根据分析需要选择时间线视图。

Sigma 指数是 Citespace 中结合节点在网络结构中重要性（中介中心性）和节点在时间上的重要性（突发性）两个指标复合构造的测度节点新颖性的

一个指标。在 Citespace 中采用突发性检测可以追寻到研究前沿的"脚印"，而 Sigma 指数高的节点为我们需要关注的重点前沿。

Citespace 为节点提供多种可视化视图，本研究选择可显示信息量最多的年轮表示法，如图 1.1 所示，节点的年轮结构表示的是该文献被引用的历史，蓝色的年轮表示较早的年份，红色的年轮表示最近的年份，年轮的半径对应于该节点的总被引次数，被紫圈标注出的节点具有较大的中介中心性，红色的点为突现节点，是挖掘研究前沿需要重点关注的点。

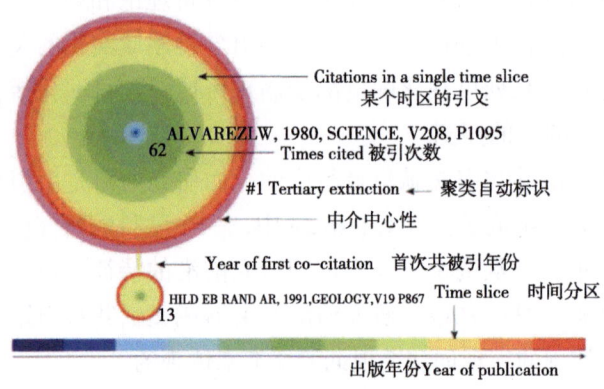

图 1.1　Citespace 可视化视图

1.3　检索结果

基于各领域关键词（见附录）构建检索式，分别在 SCI 和 CSCD 数据库中进行检索，各领域检索结果如表 1.1 所示。

表 1.1　各技术领域检索结果（篇）

学科领域	全国 SCI 发文	福建省 SCI 发文	全国 CSCD 发文	福建省 CSCD 发文
现代种业领域	22 719	976	18 863	938
农作物种植领域	34 360	1 354	22 643	1 151
农作物病虫害防控领域	16 451	791	10 397	461
畜禽水产养殖领域	6 754	178	4 967	159
动物疫病防控领域	4 933	94	2 100	88
农产品加工领域	10 164	368	7 596	313
农产品质量安全领域	7 929	236	5 936	193

第二章 种植业篇

2.1 福建省现代种业科技发展趋势

2.1.1 总体发展与变化趋势

2018—2022年,全国现代种业领域共发表SCI论文22 719篇,福建省发表SCI论文976篇。如图2.1所示,现代种业科技领域发文数量呈现缓慢增长趋势。2022年福建省在现代种业领域发表论文302篇,是2018年(137篇)的2.20倍。

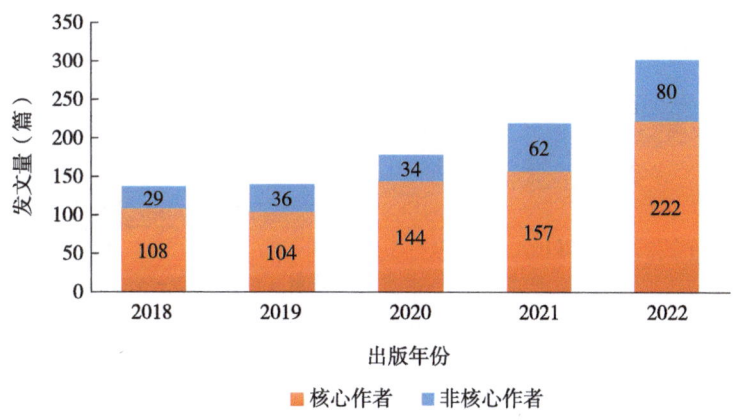

图 2.1 福建省现代种业领域SCI论文发文趋势

从SCI论文的作者类型来看(表2.1),福建省以核心作者发表的论文数量也在波动中不断提升。2022年核心作者发文数量222篇,占比为73.51%,是2018年(108篇)的2.06倍,表明以福建省科研机构、高校、企业为主导的相关研究正在积极开展(注:SCI论文第一作者和通信作者为SCI发文的核心作者发文机构,下同)。

表 2.1　福建省现代种业领域 SCI 论文作者类型（篇）

出版年份	SCI 发文总量	SCI 核心作者论文	SCI 非核心作者论文
2018	137	108	29
2019	140	104	36
2020	178	144	34
2021	219	157	62
2022	302	222	80

2018—2022 年，全国现代种业领域共发表 CSCD 论文 18 863 篇，福建省发表 CSCD 论文 938 篇。如图 2.2 所示，福建省 CSCD 论文发文数量连续增长，2022 年福建省在现代种业领域发表 CSCD 论文 228 篇，是 2018 年（142 篇）的 1.61 倍，对在国内高水平期刊发表学术成果较为重视。

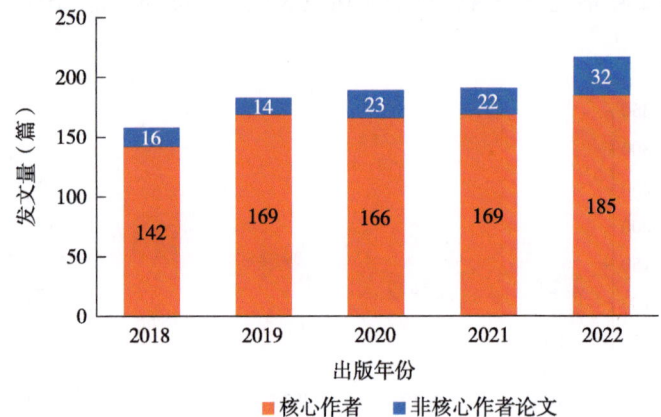

图 2.2　福建省现代种业领域 CSCD 论文发文趋势

从 CSCD 论文的作者类型来看（表 2.2），福建省以核心作者发表的论文数量在不断提升，与 SCI 论文相比，CSCD 论文的核心作者比例相对高一些。2022 年核心作者发文数量 185 篇，是 2018 年（142 篇）的 1.30 倍（注：CSCD 论文第一作者为 CSCD 发文的核心作者发文机构，下同）。

2.1.2　研究机构与核心团队

对福建省现代种业领域的 SCI 论文和 CSCD 论文数据进行清洗和分析，对主要研究机构与核心研究团队进行筛选和对比。

表 2.2　福建省现代种业领域 CSCD 论文作者类型（篇）

出版年份	CSCD 发文总量	CSCD 核心作者论文	CSCD 非核心作者论文
2018	158	142	16
2019	183	169	14
2020	189	166	23
2021	191	169	22
2022	217	185	32

2.1.2.1　外文文献主要研究机构与核心团队

图 2.3 为福建省现代种业领域 SCI 论文的 TOP10 发文机构。福建农林大学（480 篇）发文量远超其他机构，是排名第二的厦门大学（165 篇）发文量的三倍左右，是排名第三的福建省农业科学院（117 篇）发文量的四倍左右；集美大学（60 篇）、中国科学院城市环境研究所（55 篇）、福州大学（45 篇）、福建师范大学（40 篇）也有一定数量的发文；其余机构发文量均在 40 篇以下。

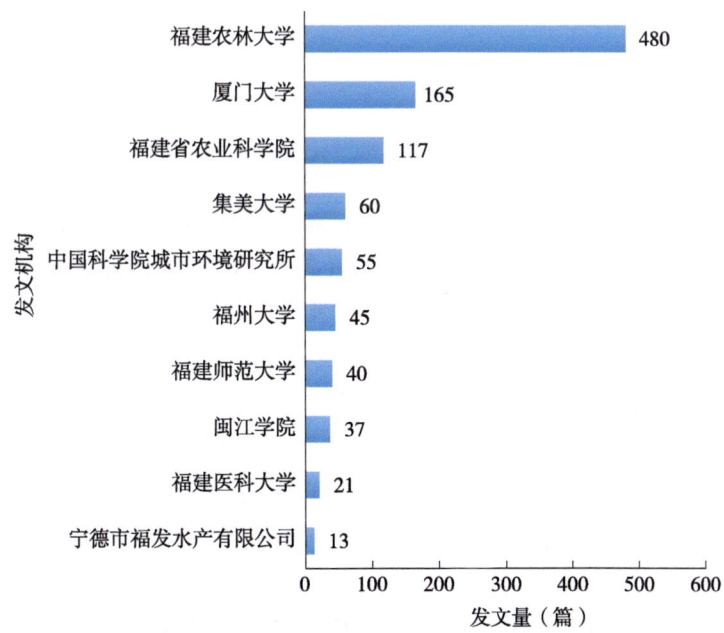

图 2.3　福建省现代种业领域 SCI 论文主要发文机构

从 SCI 论文主要发文机构的发文趋势来看（图 2.4），福建农林大学、厦门大学、福建省农业科学院、集美大学、福州大学、福建师范大学、闽江学院、福建医科大学的发文量总体呈现连续增长态势，宁德市福发水产有限公司 2021 年在该领域才有文章发表，但年度发文量逐渐增加，为该领域需要重点关注的新兴机构。福建农林大学各年度发文量有明显的优势，2022 年的发文量达到 134 篇。

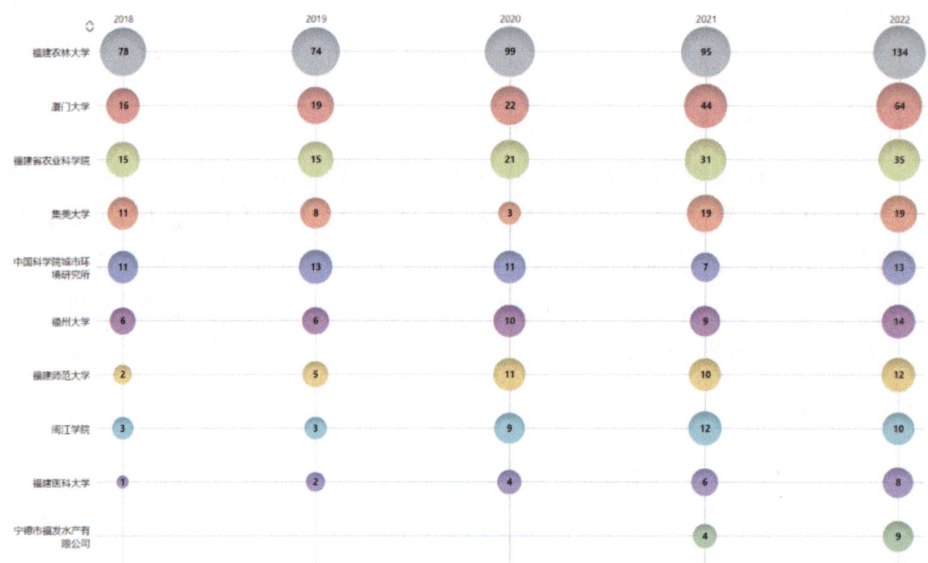

图 2.4　福建省现代种业领域 SCI 论文主要发文机构发文趋势

　　对核心团队进行的分析显示，福建农林大学的生命科学学院、园艺学院、作物科学、食品科学、植物保护学院、资源与环境学院是现代种业领域发文较为集中的团队，这些团队均为国家一级学科研究团队，其中生命学院是"国家理科基础科学人才培养基地"生物学专业点的核心依托单位，并且与美国的伊利诺伊大学、加利福尼亚大学洛杉矶分校、佛罗里达大学、中国科学院以及省内科研机构进行合作共建，以解决福建地区与合作地区现代种业科技发展的问题。厦门大学以海洋与地球科学学院、海洋环境科学国家重点实验室、生命科学学院为主要团队，其他如自动化系、化学与生物化学工程系等也均有相关论文产出。

　　通过统计论文中全部作者的来源机构，绘制福建现代种业领域主要机构的合作发文情况如图 2.5 所示。福建农林大学与其他机构的合作发文最为紧密，合作最多的机构及发文量为福建省农业科学院（37 篇）、闽江学院（20

篇)、福建师范大学（11篇），此外，还与福州大学、厦门大学等均有合作发文。此外，集美大学与其他机构也有较多合作，福建师范大学在该领域的发文均为合作发文。

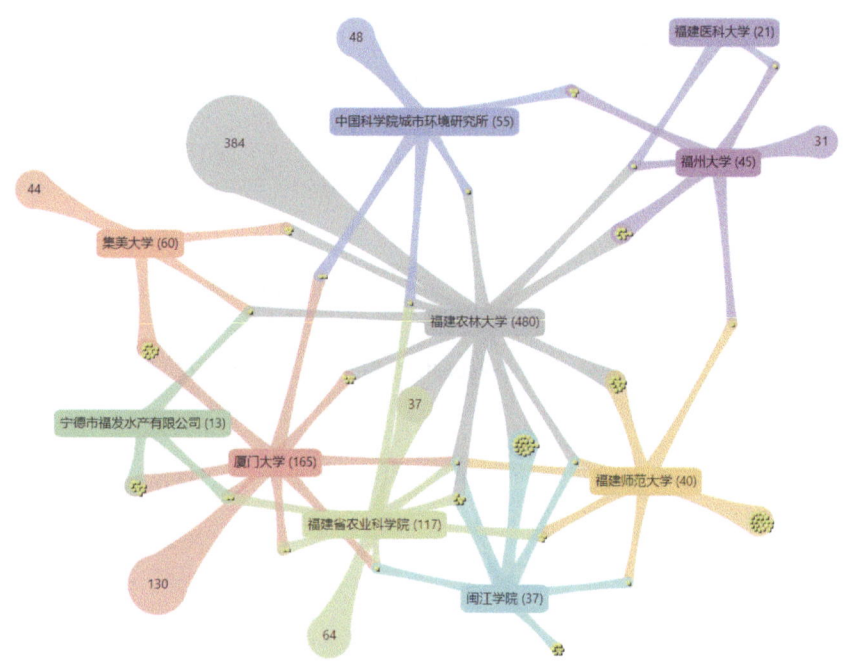

图2.5 福建省现代种业领域SCI论文主要发文机构合作情况

2.1.2.2 中文文献主要研究机构与核心团队

图2.6为福建省现代种业领域CSCD论文的TOP10发文机构。CSCD论文的发文机构比较集中，基本是福建农林大学（242篇）和福建省农业科学院（145篇）发表的文章，其次是厦门大学（45篇）、福建师范大学（25篇）和集美大学（18篇）发表的文章。福建农林大学和福建省农业科学院2021—2022年的发文量明显高于前三年（图2.7）。

对CSCD论文发文的核心团队进行分析发现。福建农林大学发文最多，共发文242篇，发文主要团队是园艺植物生物工程研究所、动物科学院和菌物研究中心，林学院与植物病毒研究所等团队也发表了一定数量论文，此外，福建农林大学还与河北省农业科学院合作发文16篇。福建省农业科学院发文145篇，主要发文团队有作物研究所、水稻研究所、生物技术研究所、畜牧兽医研究所、土壤肥料研究所等，其中与福建农林大学合作发文17篇。

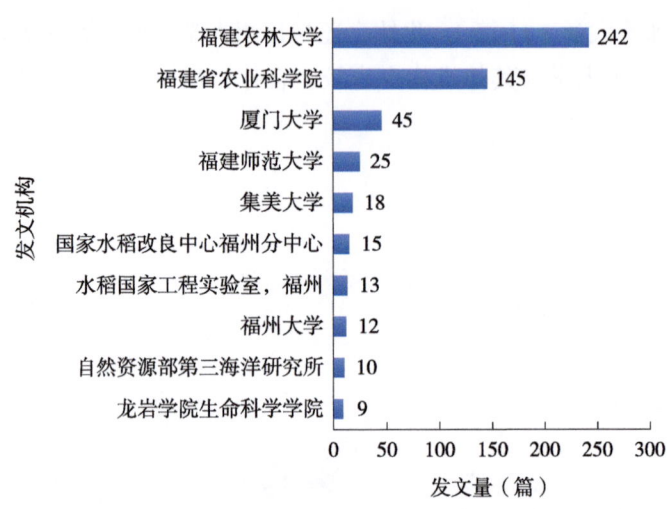

图 2.6　福建省现代种业领域 CSCD 论文主要发文机构

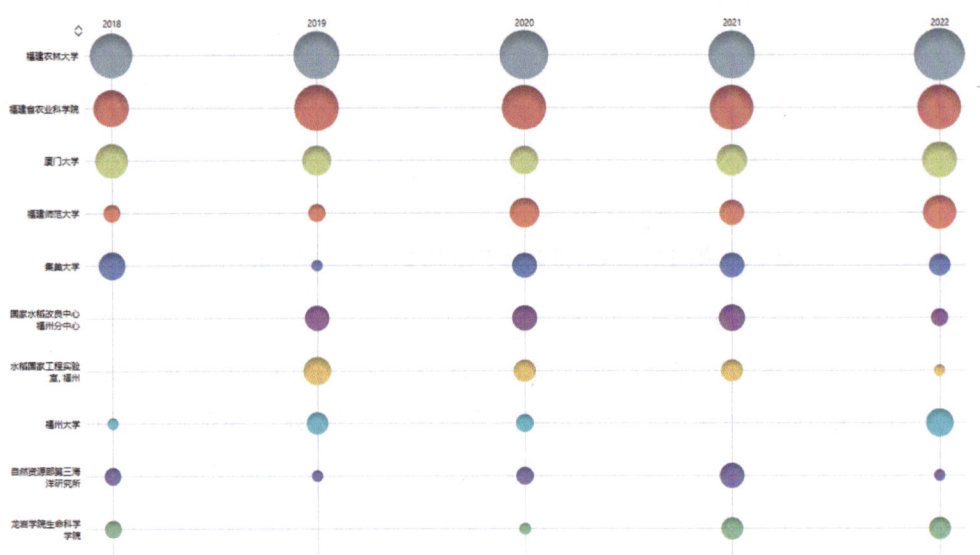

图 2.7　福建省现代种业领域 CSCD 论文主要发文机构发文趋势

通过统计论文中全部作者的来源机构,绘制现代种业领域主要机构的合作发文情况如图 2.8 所示。福建农林大学及福建省农业科学院与其他机构合作最多,合作发文量为 34 篇,合作比较多的机构及发文量为国家水稻改良中心福州分中心(6 篇)、福建师范大学(4 篇)、水稻国家工程实验室(福州)(3 篇)。

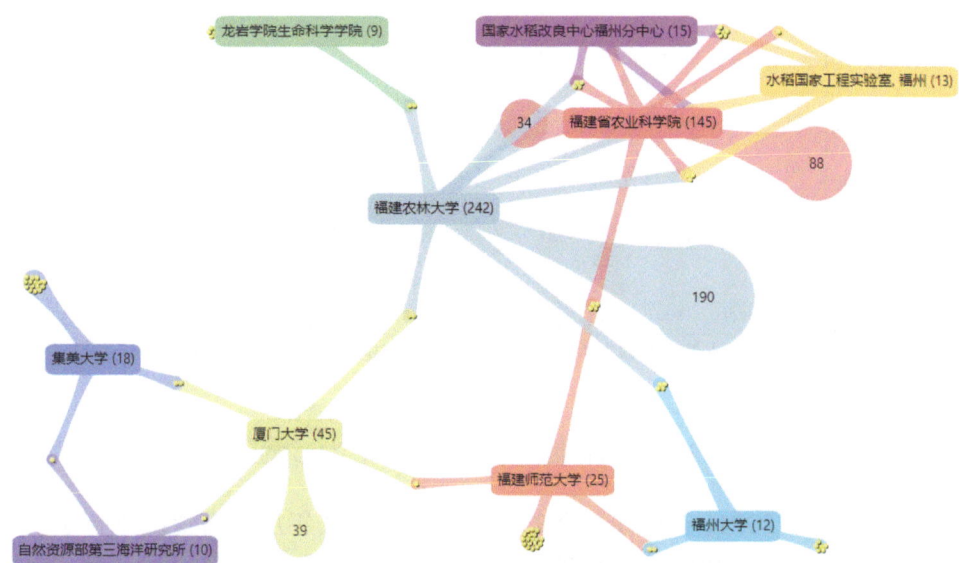

图 2.8　福建省现代种业领域 CSCD 论文主要发文机构团队合作

2.1.3　科研产出与地位表现

分别对全国现代种业领域 SCI、CSCD 论文的来源省份进行清洗和排名，对论文产出数量、论文被引次数和被引次数区间进行对比，分析各省市在该学科的学术生产力和学术影响力。

2.1.3.1　各省市学术生产力分析

（1）外文文献学术生产力分析

全国现代种业领域共发表 SCI 论文 22 719 篇，SCI 论文的省市排名如图 2.9 所示。北京市 SCI 论文发文量最多，共 5 139 篇；江苏省排名第二，发文 3 410 篇；广东省排名第三，发文 2 847 篇；湖北省排名第四，发文 2 404 篇；浙江省排名第五，发文 2 055 篇。TOP10 省市共发文 17 694 篇，占全部发文的 77.89%。福建省发文 976 篇，排名第十一。

从核心作者的发文情况来看，北京市（3 611 篇），江苏省（2 699 篇），广东省（2 041 篇）依然是发文量排名前三的省市。江苏省核心作者论文占比为 79.15%，浙江省为 77.27%，河南省为 76.85%，是核心作者论文占比 TOP 3 省市。福建省核心作者论文占比为 75.41%，排名第五。

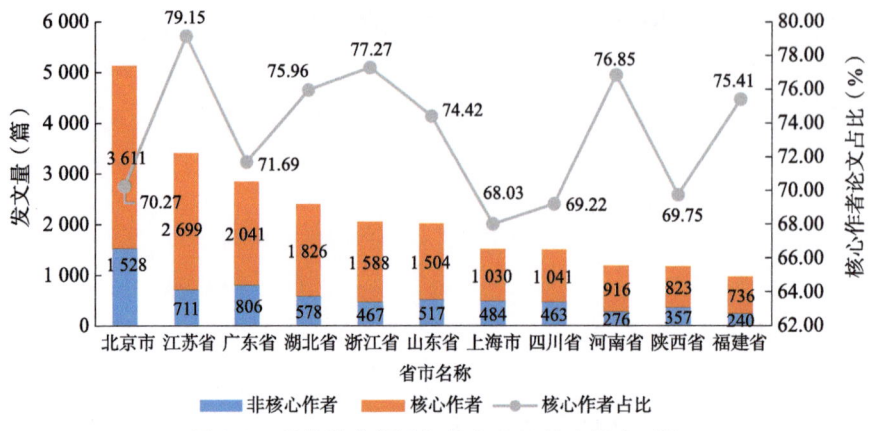

图 2.9　现代种业领域各省市 SCI 论文发文对比

表 2.3 对 TOP11 省市 SCI 论文及核心作者论文年度分布情况进行了统计。整体来看，TOP11 省市在现代种业领域发表的论文呈上升趋势，特别是 2021—2022 年，发文数量增长较快，表明该领域被各个省市共同关注，研究热度越来越高，现代种业科技发展的问题亟待解决。从 SCI 论文增长率排名来看，山东省、广东省、上海市的论文增长率排名前三；广东省、四川省、山东省的核心论文增长率排名前三。福建省论文增长率和核心论文增长率均排名第七。

表 2.3　现代种业领域各省市 SCI 论文年度分布情况（篇，%）

省市名称	2018年	2019年	2020年	2021年	2022年	SCI论文增长率（2022/2018）	SCI论文增长率排名
北京市	788	859	887	1 138	1 467	1.86	11
江苏省	490	524	577	771	1 048	2.14	8
广东省	343	405	470	700	929	2.71	2
湖北省	344	376	423	598	663	1.93	10
浙江省	270	315	387	467	616	2.28	6
山东省	249	288	331	473	680	2.73	1
上海市	198	226	261	334	495	2.50	3
四川省	204	227	239	370	464	2.27	4
河南省	157	197	199	275	364	2.32	5
陕西省	181	170	170	304	355	1.96	9
福建省	137	140	178	219	302	2.20	7

（续）

省市名称	2018年	2019年	2020年	2021年	2022年	SCI核心作者发文机构论文增长率（2022/2018）	SCI核心论文增长率排名
北京市	568	601	615	780	1 047	1.84	11
江苏省	408	422	467	579	823	2.02	8
广东省	222	296	333	517	673	3.03	1
湖北省	266	293	326	442	499	1.88	10
浙江省	207	265	306	351	459	2.22	6
山东省	192	216	261	344	491	2.56	3
四川省	129	141	159	268	344	2.67	2
上海市	134	155	181	225	335	2.50	4
陕西省	146	129	123	232	286	1.96	9
河南省	111	133	118	193	268	2.41	5
福建省	109	104	144	157	222	2.04	7

（2）中文文献学术生产力分析

全国现代种业领域共发表CSCD论文18 863篇，CSCD论文的省市排名如图2.10所示。北京市、江苏省的CSCD论文发文量依然位列前两名，分别为2 608篇和2 088篇，广东省（1 578篇）、浙江省（1 399篇）、山东省（1 171篇）位列发文的第三至第五位。TOP10省市共发文12 135篇，占全部发文的60.80%。福建省发文1 018篇，排名第十位。

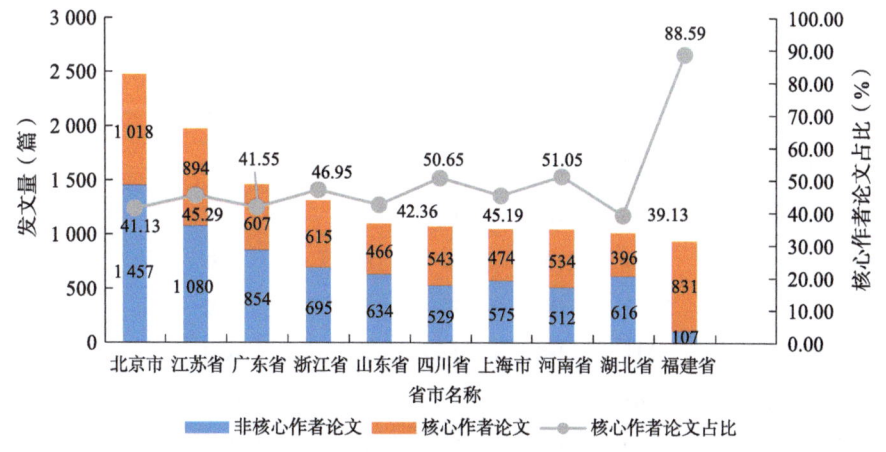

图2.10 现代种业领域各省市CSCD论文发文对比

从核心作者发文机构的发文情况来看，北京市（1 018 篇），排名第一；其次是江苏省（894 篇），排名第二；福建省（831 篇），排名第三。从核心作者发文数量占比来看，福建省核心作者发文机构论文占比为 88.59%，排名第一；其次是河南省 51.05%，四川省 50.65%。

表 2.4 对 TOP10 省市 CSCD 论文及核心作者论文年度分布情况进行了统计。整体来看，TOP10 省市中大部分现代种业领域 CSCD 发文均呈上升趋势。从 CSCD 论文增长率排名来看，福建省、广东省、湖北省论文增长率排名前三；福建省、上海市、山东省核心论文增长率排名前三。

表2.4 现代种业领域各省市 CSCD 论文年度分布情况（篇，%）

省市名称	2018年	2019年	2020年	2021年	2022年	CSCD 论文增长率（2022/2018）	CSCD 论文增长率排名
北京市	462	457	480	531	545	1.18	4
江苏省	366	365	336	461	446	1.22	3
广东省	263	263	261	315	359	1.37	1
浙江省	263	268	227	258	294	1.12	5
山东省	236	201	181	234	248	1.05	7
四川省	208	203	235	225	201	0.97	9
上海市	202	168	191	267	221	1.09	6
河南省	215	204	196	217	214	1.00	8
湖北省	178	182	187	245	220	1.24	2
福建省	158	183	189	191	217	1.37	1
省市名称	2018年	2019年	2020年	2021年	2022年	CSCD 核心作者发文机构论文增长率（2022/2018）	CSCD 核心论文增长率排名
北京市	342	312	351	6	7	0.02	3
江苏省	309	307	268	4	6	0.02	3
福建省	142	169	166	169	185	1.30	1
浙江省	207	209	191	4	4	0.02	3
广东省	196	211	197	2	1	0.01	8
四川省	181	166	194	—	2	0.01	8
河南省	183	170	174	3	4	0.02	3

(续)

省市名称	2018年	2019年	2020年	2021年	2022年	CSCD核心作者发文机构论文增长率（2022/2018）	CSCD核心论文增长率排名
上海市	161	140	165	3	5	0.03	2
山东省	178	152	130	2	4	0.02	3
湖南省	138	141	182	0	0	0.00	11

2.1.3.2 各省市学术影响力分析

（1）外文文献影响力分析

现代种业领域中 SCI 发文 TOP11 省市的论文总体影响力如表 2.5 所示，包括被引频次、篇均被引频次、未被引论文占比及对应的排名。上海市 SCI 论文的篇均被引频次为 15.36，排名第一；北京市 SCI 论文的篇均被引频次为 14.86，排名第二；广东省 SCI 论文的篇均被引频次为 14.07，排名第三，可见以上省市是该领域论文影响力较大的省市。

从未被引论文数量和占比来看，湖北省发表的 SCI 论文中有 9.69% 未被引用，是未被引论文占比最少的省市，其次是陕西省（10.00%）和北京市（11.11%），表明这些省市发表的论文质量较好，科研成果的影响力更大，更多被他人参考和引用。

表 2.5　现代种业领域各省市 SCI 论文总体影响力（篇，%）

省市名称	记录数量	被引频次	篇均被引频次	篇均被引频次排名	未被引论文数量	未被引论文占比	未被引论文占比排名
北京市	5 139	76 375	14.86	2	571	11.11	3
江苏省	3 410	43 814	12.85	6	416	12.20	7
广东省	2 847	40 051	14.07	3	346	12.15	6
湖北省	2 404	32 195	13.39	5	233	9.69	1
浙江省	2 055	25 867	12.59	7	275	13.38	8
山东省	2 021	21 804	10.79	10	284	14.05	10
上海市	1 514	23 254	15.36	1	181	11.96	5
四川省	1 504	20 441	13.59	4	170	11.30	4
河南省	1 192	12 764	10.71	11	161	13.51	9
陕西省	1 180	13 630	11.55	9	118	10.00	2
福建省	976	11 519	11.80	8	141	14.45	11

图 2.11 展示了发文 TOP11 各省市 SCI 论文的被引频次分布。可以看出，大部分论文的被引频次处于 1~5 和 6~15。北京市有 1 330 篇被引频次大于 15 的论文，江苏省 814 篇，广东省 656 篇，湖北省 609 篇，浙江省 498 篇。福建省有 222 篇被引频次大于 15 的论文。

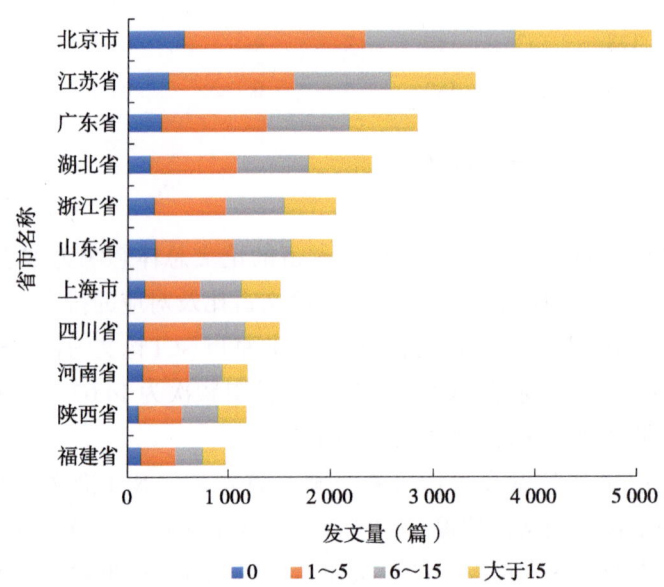

图 2.11　现代种业领域各省市 SCI 论文被引频次分布

（2）中文文献影响力分析

现代种业领域中 CSCD 发文 TOP10 省市的论文总体影响力见表 2.6，包括被引频次、篇均被引频次、未被引论文占比及对应的排名。北京市 CSCD 论文的篇均被引频次为 2.80，排名第一；湖北省篇均被引频次 2.54，排名第二；浙江省篇均被引频次 2.36，排名第三，以上省市是该领域国内论文影响力较大的省市。

从未被引论文数量和占比来看，北京市发表的 CSCD 论文中有 35.28% 未被引用，是未被引论文占比最少的省市，其次是浙江省（36.71%）和湖北省（37.18%），表明这些省市发表的论文质量较好，科研成果的影响力更大，更多被他人参考和引用。

图 2.12 展示了发文 TOP10 各省市 CSCD 论文的被引频次分布。可以看出，大部分论文的被引频次处于未引用状态，其次是被引频次位于 1~5，被引频次大于 15 次的论文数量很少。福建省有 53 篇被引频次大于 15 的论文，

湖北省20篇，湖南省19篇，上海市与浙江省均为17篇，广东省12篇，其余省市在10篇以下。福建省论文被引用次数均高于其他省市，具体表现为被引频次在1～5次的论文1 181篇，在6～15次的276篇，大于15的论文53篇。

表2.6　现代种业领域各省市CSCD论文总体影响力（篇，%）

省市名称	记录数量	被引频次	篇均被引频次	篇均被引频次排名	未被引论文数量	未被引论文占比	未被引论文占比排名
北京市	2 333	6 534	2.80	1	823	35.28	1
江苏省	1 883	4 011	2.13	6	724	38.45	5
浙江省	1 294	3 057	2.36	3	475	36.71	2
广东省	1 288	2 899	2.25	4	503	39.05	6
四川省	1 106	2 081	1.88	9	516	46.65	11
山东省	1 090	2 206	2.02	7	408	37.43	4
河南省	1 017	1 803	1.77	11	414	40.71	8
上海市	968	2 143	2.21	5	392	40.50	7
湖北省	866	2 198	2.54	2	322	37.18	3
湖南省	861	1 554	1.80	10	394	45.76	10
福建省	791	1 496	1.89	8	335	42.35	9

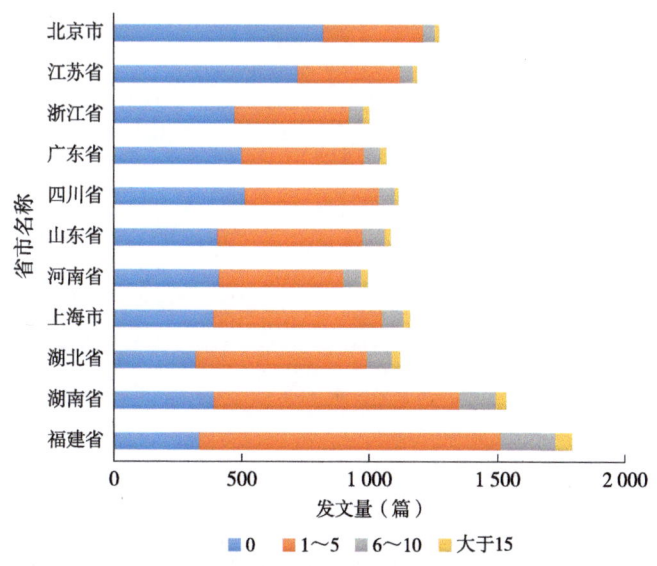

图2.12　现代种业领域各省市CSCD论文被引频次分布

2.1.4 研究热点与发展趋势

基于福建省现代种业领域发表的 976 篇 SCI 论文的全部关键词（作者关键词与 Web of Science 数据库提取的关键词），利用 VOSviewer 分析软件对该领域 SCI 论文主题聚类和热点进行挖掘，生成聚类图和热力图，并且将 TOP10 主题词的年度发展趋势进行展示。

由图 2.13 可以看出，福建省现代种业领域 SCI 论文的研究主题主要集中在 5 个主题。第一个主题（红色聚类）聚焦于土壤中生物多样性（diversity）、土壤质量（quality）、土壤退化（degradation）、土壤细菌（bacterial）、土壤根际（rhizosphere）、土壤施肥（fertilization）等相关研究；第二个主题（绿色聚类）聚焦于识别（identification）、进化（evolution）、基因组（genomes）、序列（sequence）、产量（yield）、抗病性（disease resistance）等的研究；第三个主题（蓝色聚类）聚焦于水稻（rice）、拟南芥（arabidopsis）、基因（gene）、蛋白质（protein）、玉米（maize）、转录因子（transcription factor）等研究；第四个主题（黄色聚类）聚焦于表达（expression）、生长（growth）、生物合成（biosynthesis）、氧化应激（oxidative stress）、温度（temperature）等方面开展研究；第五个主题（紫色聚类）聚焦于编码（encodes）、系统发育分析（phylogenetic analysis）、生长素（auxin）等方面的研究。

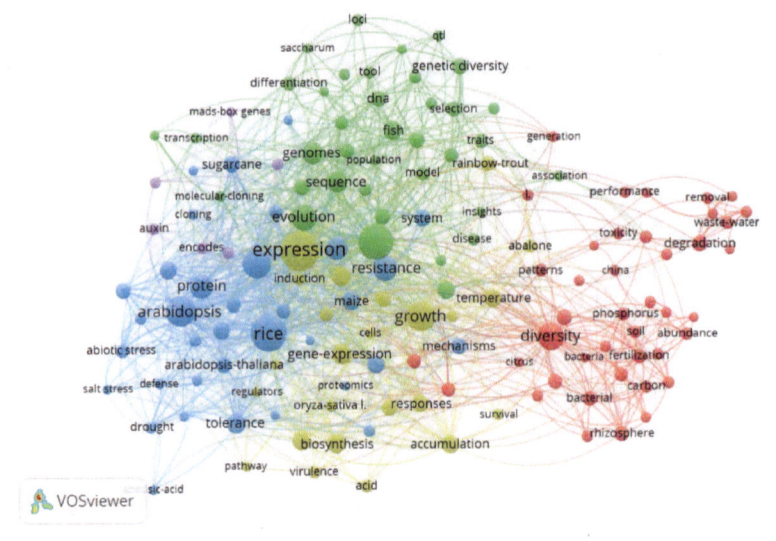

图 2.13 福建省现代种业领域 SCI 论文主题聚类

（注：为方便模型表述，聚类图和热力图保留了原始状态，中英文名词对照注释见文中，余同。）

图 2.14 为福建省现代种业领域 SCI 论文的研究热点。可以看出，表达（expression）、水稻（rice）、识别（identification）、拟南芥（arabidopsis）、生长（growth）、基因（gene）等为该领域主要的研究热词。

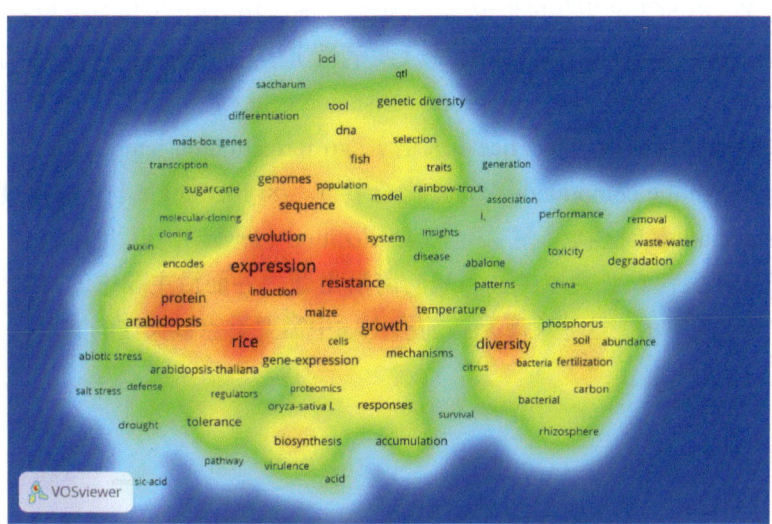

图 2.14　福建省现代种业领域 SCI 论文研究热点

福建省现代种业领域 SCI 论文 TOP 主题词的年度发展趋势如图 2.15 所示。EXPRESSION、RICE、IDENTIFICATION、ARABIDOPSIS、GROWTH、GENE、DIVERSITY、EVOLUTION、RESISTANCE、GENE-EXPRESSION 等是相关发文量较多的主题词。ARABIDOPSIS、EVOLUTION、PROTEIN、DIVERSITY 是 2020 年发文增长较多的主题词。

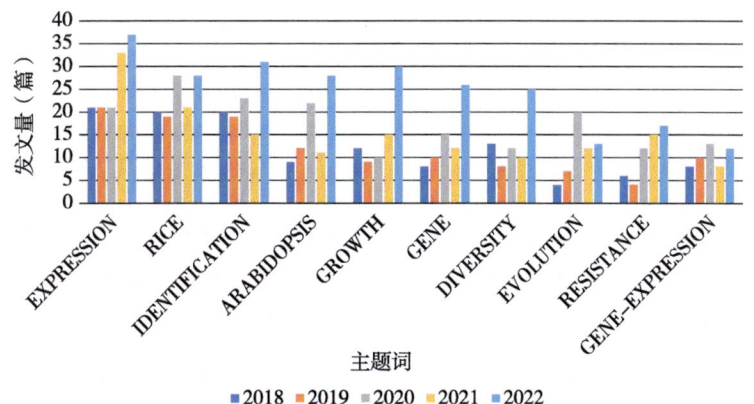

图 2.15　福建省现代种业领域 SCI 论文 TOP 主题词发展趋势

2.1.5 前沿主题识别

基于 Citespace 共被引网络聚类，福建省 2018—2022 年在现代种业领域发表的 976 篇 SCI 论文共可形成 37 个聚类（图 2.16），其中显著度最高的聚类有 11 个，分别为 #0 disease resistance（抗病性）、#1 phylogeny（系统发育）、#2 citrus sinensis（甜橙）、#3 antibiotic resistance genes（抗生素抗性基因）、#4 qtl（数量性状基因座）、#5 rice（水稻）、#6 fermentation temperature（发酵温度）、#7 phenolic compounds（酚类化合物）、#8 tiller angle（分蘖角度）、#9 phytoremediation（植物修复）、#10 fertilization（施肥），以上为 2018—2022 年福建省在现代农业领域主要布局的前沿主题。各前沿主题中的高被引文章信息如表 2.7 所示，这些文章是各前沿主题中需要重点被关注的文章。

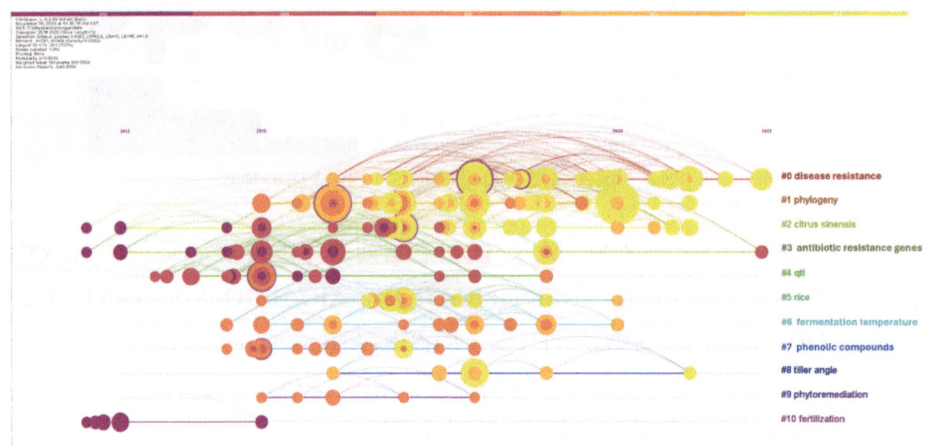

图 2.16　福建省现代种业领域 SCI 论文研究前沿

表 2.7　现代种业领域各前沿主题被引频次排名前十的论文

被引频次	引文信息	数字对象标识符（DOI）	集群 ID
32	Chen CJ, 2020, MOL PLANT, V13, P1194	10.1016/j.molp.2020.06.009	1
23	Kumar S, 2016, MOL BIOL EVOL, V33, P1870	10.1093/molbev/msw054, 10.1093/molbev/msv279	1
20	Chen SF, 2018, BIOINFORMATICS, V34, P884	10.1093/bioinformatics/bty560	0

（续）

被引频次	引文信息	数字对象标识符（DOI）	集群ID
16	Zhang JS, 2018, NAT GENET, V50, P1565	10.1038/s41588-018-0237-2	1
14	Kumar S, 2018, MOL BIOL EVOL, V35, P1547	10.1093/molbev/msy096	8
13	Ao JQ, 2015, PLOS GENET, V11, P0	10.1371/journal.pgen.1005118	4
12	Zhao J, 2021, AQUACULTURE, V531, P0	10.1016/j.aquaculture.2020.735786	0
12	R Core Team, 2019, R LANG ENV STAT COMP, V0, P0		3
11	Chen QL, 2016, ENVIRON INT, V92-93, P1	10.1016/j.envint.2016.03.026	3
11	Long A, 2017, FRONT PLANT SCI, V8, P0	10.3389/fpls.2017.00185	2

2.1.6 福建省现代种业科技发展趋势小结

2018—2022年，全国现代种业领域共发表SCI论文22 719篇，CSCD论文18 863篇；福建省发表SCI论文976篇，CSCD论文938篇。由此可见，SCI和CSCD的全部作者和核心作者发文量均呈上升态势。

SCI论文计量分析结果表明，福建农林大学、厦门大学和福建省农业科学院是福建省现代种业领域SCI论文排名前三的机构，TOP机构发文量总体呈现连续增长态势，其中福建农林大学各年度发文量有明显的优势，宁德市福发水产有限公司为该领域需要重点关注的新兴机构。福建农林大学的生命科学学院、园艺学院、作物科学、食品科学、植物保护学院、资源与环境学院是现代种业领域SCI发文较为集中的科研团队。合作情况表明，福建农林大学与其他机构的合作发文最为紧密。

各省市在现代种业领域的SCI学术生产力分析结果表明，北京市、江苏省、广东省分列SCI全部作者和核心作者发文量的前三位，福建省全部作者发文排名第十一，核心作者发文排名第五。从SCI论文增长率排名来看，山东省、广东省、上海市的论文增长率排名前三；广东省、四川省、山东省的核心论文增长率排名前三。福建省论文增长率和核心论文增长率均排名第七。

各省市在现代种业领域的SCI学术影响力分析结果表明，上海市、北京市、广东省是该领域论文影响力较大的省市，福建省篇均被引排名第八。湖北省、陕西省、北京市是该领域未被引论文占比最少的省市，表明这些省市发表的论文质量较好，科研成果的影响力更大，更多被他人参考和引用，福建省未被引论文占比排名第十一。

CSCD论文计量分析结果表明，福建农林大学、福建省农业科学院、厦门大学是福建省现代种业领域CSCD论文排名前三的机构，TOP机构发文量总体呈现连续增长态势。福建农林大学园艺植物生物工程研究所、动物科学院和菌物研究中心、林学院与植物病毒研究所是现代种业领域CSCD发文较为集中的团队。从机构合作情况看，福建农林大学及福建省农业科学院与其他机构合作最为紧密。

各省市在现代种业领域的学术生产力分析结果表明，北京市、江苏省分列CSCD全部作者和核心作者发文量的前两位，福建省全部作者发文排名第十，核心作者发文排名第三，核心发文占比排名第一。从CSCD论文增长率排名来看，福建省、湖南省、湖北省论文增长率排名位列前三；福建省、湖南省、北京市核心作者论文增长率排名前三。

各省市在现代种业领域的CSCD学术影响力分析结果表明，北京市、湖北省、浙江省是该领域国内论文影响力较大的省市，福建省篇均被引排名第八。北京市、浙江省、湖北省是该领域未被引论文占比最少的省市，表明这些省市发表的论文质量较好，科研成果的影响力更大，更多被他人参考和引用，福建省未被引论文占比排名第九。

VOSviewer生成的聚类图和热力图表明，福建省现代种业领域SCI论文的研究热点集中在5个主题。第一个主题聚焦于土壤中生物多样性（diversity）、土壤质量（quality）、土壤退化（degradation）、土壤细菌（bacterial）、土壤根际（rhizosphere）、土壤施肥（fertilization）等相关研究；第二个主题聚焦于识别（identification）、进化（evolution）、基因组（genomes）、序列（sequence）、产量（yield）、抗病性（disease resistance）等的研究；第三个主题聚焦于水稻（rice）、拟南芥（arabidopsis）、基因（gene）、蛋白质（protein）、玉米（maize）、转录因子（transcription factor）等研究；第四个主题聚焦于表达（expression）、生长（growth）、生物合成（biosynthesis）、氧化应激（oxidative stress）、温度（temperature）等方面开展研究；第五个主题聚焦于编码（encodes）、系统发育分析（phylogenetic analysis）、生长素（auxin）等方面的研究。表达（expression）、水稻（rice）、识别（identification）、拟

南芥（arabidopsis）、生长（growth）、基因（gene）等为该领域主要的研究热词。

Citespace生成的研究前沿聚类图表明，福建省现代种业领域SCI论文的研究前沿集中在11个主题。分别为：#0 disease resistance（抗病性）、#1 phylogeny（系统发育）、#2 citrus sinensis（甜橙）、#3 antibiotic resistance genes（抗生素抗性基因）、#4 qtl（数量性状基因座）、#5 rice（水稻）、#6 fermentation temperature（发酵温度）、#7 phenolic compounds（酚类化合物）、#8 tiller angle（分蘖角度）、#9 phytoremediation（植物修复）、#10 fertilization（施肥）。

2.2 福建省农作物种植技术发展趋势

2.2.1 总体发展与变化趋势

2018—2022年，全国农作物种植领域共发表SCI论文34 360篇，福建省发表SCI论文1 354篇。如图2.17所示，2018—2022年的发文数量持续提升。2022年福建省在农作物种植领域发表论文378篇，是2018年（179篇）的2.11倍。

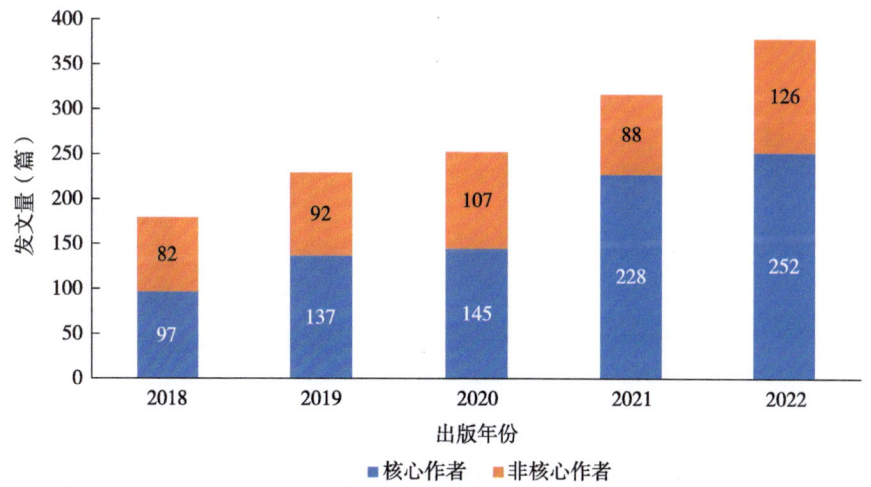

图2.17 福建省农作物种植领域SCI论文发文趋势

从SCI论文的作者类型来看（表2.8），福建省以核心作者发表的论文数量也在不断提升。2021年核心作者发文数量占比最高，为72.15%，2022年核心作者发文数量252篇，是2018年（97篇）的2.60倍，表明以福建省科研机构、高校、企业为主导的相关研究正在积极开展（注：SCI论文第一作者和通信作者为SCI发文的核心作者，下同）。

表2.8　福建省农作物种植领域SCI论文作者类型（篇）

出版年份	SCI发文总量	SCI核心作者论文	SCI非核心作者论文
2018	179	97	82
2019	229	137	92
2020	252	145	107
2021	316	228	88
2022	378	252	126

2018—2022年，全国农作物种植领域共发表CSCD论文22 643篇，福建省发表CSCD论文1 151篇。如图2.18所示，福建省CSCD论文发文数量连续增长，2022年福建省在农作物种植领域发表CSCD论文252篇，是2018年（170篇）的1.48倍，表明福建省各科研机构、高校等对在国内高水平期刊发表学术成果较为重视。

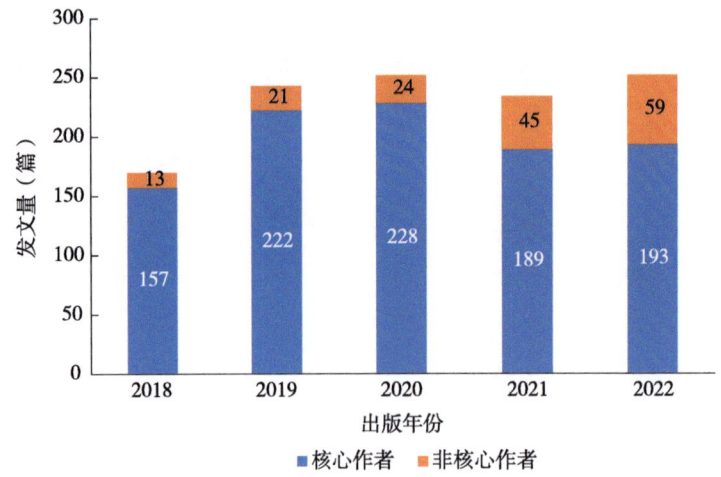

图2.18　福建省农作物种植领域CSCD论文发文趋势

从CSCD论文的作者类型来看（表2.9），福建省以核心作者发表的论文数量持续增长，与SCI论文相比，CSCD论文的核心作者比例更高，2018年、2019年及2020年的核心作者比例均在90%以上。2022年核心作者发文数量

193篇，是2018年（157篇）的1.23倍（注：CSCD论文第一作者为CSCD发文的核心作者，下同）。

表2.9 福建省农作物种植领域CSCD论文作者类型（篇）

出版年份	CSCD发文总量	CSCD核心作者论文	CSCD非核心作者论文
2018	170	157	13
2019	243	222	21
2020	252	228	24
2021	234	189	45
2022	252	193	59

2.2.2 研究机构与核心团队

对福建省农作物种植领域的SCI论文和CSCD论文数据进行清洗，对主要研究机构与核心研究团队进行分析和对比。

2.2.2.1 外文文献主要研究机构与核心团队

图2.19为福建省农作物种植领域SCI论文的TOP10发文机构。福建农林大学（727篇）发文量远超其他机构，是排名第二的厦门大学（165篇）、第三的福建省农业科学院（158篇）发文量的4倍左右，福建师范大学（91篇）、中国科学院城市环境研究所（89篇）也有一定数量的发文，其余机构

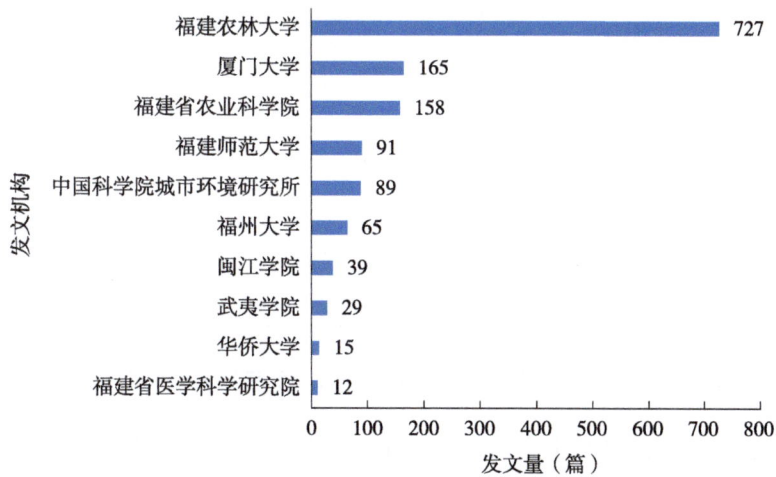

图2.19 福建省农作物种植领域SCI论文主要发文机构

发文量均在 80 篇以下。从 SCI 论文主要发文机构的发文趋势来看，如图 2.20 所示，除福建省医学科学研究院和华侨大学外，其余机构在各年度都有发文。福建农林大学各年度发文量具有明显的优势，2022 年的发文量达 206 篇。

对核心团队进行分析显示，福建农林大学的生命科学学院、园艺学院、农学院、植物保护学院及资源与环境学院等二级学院发文较多，省部共建闽台作物有害生物生态防控国家重点实验室、福建省农业生态过程与安全监控重点实验室及福建省土壤环境健康与调控重点实验室是农作物种植领域发文较为集中的科研团队。厦门大学的海洋与地球学院的近海海洋环境科学国家重点实验室、化学化工学院及环境与生态学院是主要的发文团队。福建省农业科学院的果树研究所、土壤肥料研究所、农业生物资源研究所、茶叶研究所、生物技术研究所及植物保护研究所等是主要的发文团队。

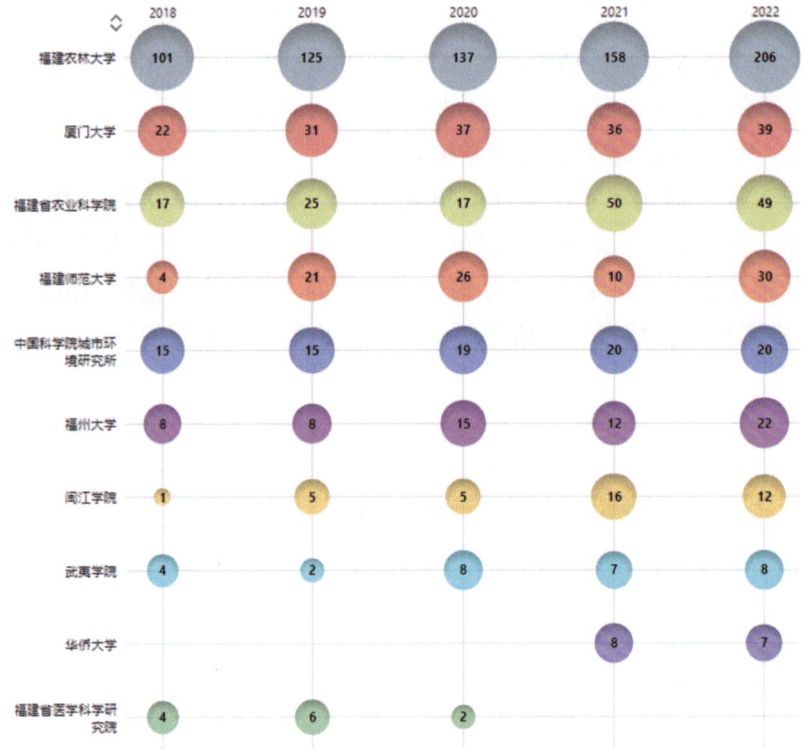

图 2.20　福建省农作物种植领域 SCI 论文主要发文机构发文趋势

通过统计 SCI 论文中全部作者的来源机构，绘制福建农作物种植领域主要机构的合作发文情况如图 2.21 所示。福建农林大学与其他机构的合作发文最为紧密，合作最多的机构及发文量为福建省农业科学院（54篇）、闽江学院（21篇）、武夷学院（20篇）和福建师范大学（19篇），还与福建省医学科学院、福州大学合作发文8篇和7篇。此外，福建省农业科学院与厦门大学合作发文5篇，福建师范大学与福州大学合作发文3篇，表明福建省内研究机构在该领域合作发文相对较高。

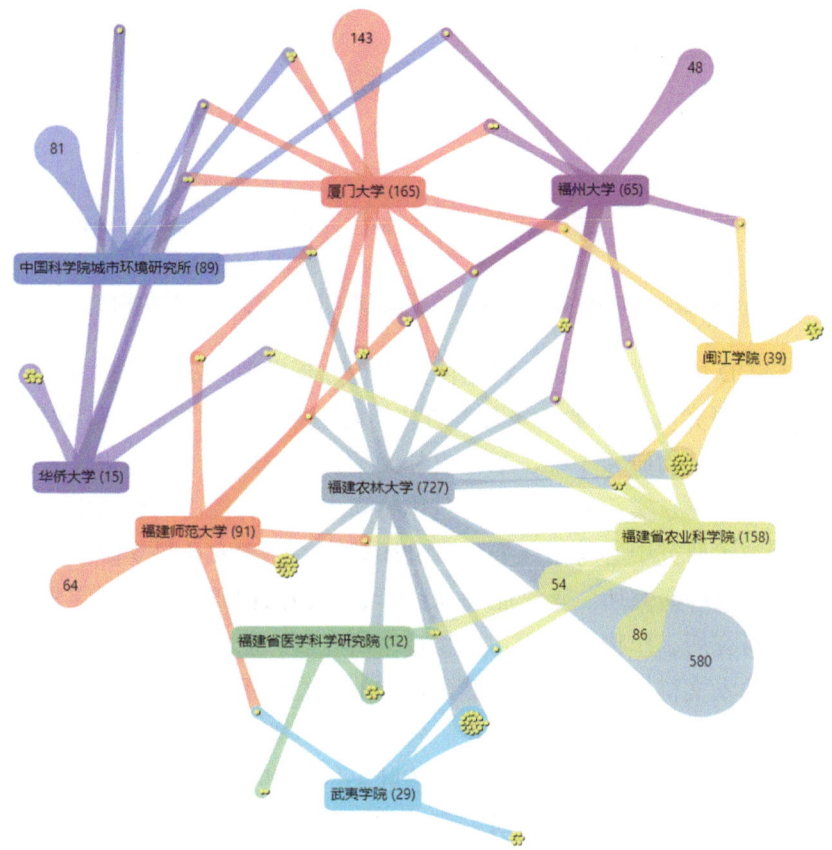

图 2.21　福建省农作物种植领域 SCI 论文主要发文机构合作关系

2.2.2.2.2　中文文献主要研究机构与核心团队

图 2.22 为福建省农作物种植领域 CSCD 论文的 TOP10 发文机构。CSCD 论文的发文机构比较集中，基本是福建农林大学（603篇）和福建省农业科学院（331篇）。福建农林大学、福建省农业科学院、福建师范大学、武夷学院、福州大学及中国科学院城市环境研究所在 2018—2022 年各年度均有相关发文，如图 2.23 所示。

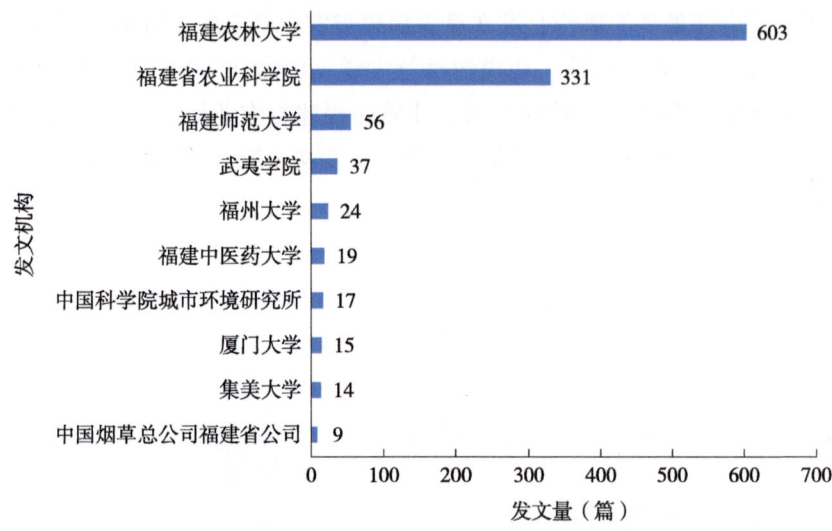

图 2.22 福建省农作物种植领域 CSCD 论文主要发文机构

对 CSCD 论文发文的核心科研团队进行分析发现。福建农林大学园艺植物生物工程研究所、福建农林大学园艺学院的茶学福建省高校重点实验室、福建农林大学菌物研究中心、福建农林大学资源与环境学院的福建省土壤环境健康与调控重点实验室、闽台特色作物病虫生态防控协同创新中心及国家菌草工程技术研究中心等是主要的发文团队。福建省农业科学院农业生物资源研究所、茶叶研究所、土壤肥料研究所、植物保护研究所、数字农业研究所、果树研究所、作物研究所、生物技术研究所、亚热带农业研究所等研究所是主要的发文机构，福建省红壤山地农业生态过程重点实验室、福建省作物有害生物监测与治理重点实验室、农业部南方薯类科学观测实验站、福建省农业遗传工程重点实验室及福建省落叶果树工程技术研究中心等是其核心发文团队。福建师范大学地理研究所、湿润亚热带生态地理过程教育部重点实验室及生命科学学院等是主要的发文团队。

通过统计 CSCD 论文中全部作者的来源机构，绘制福建农作物种植领域主要机构的合作发文情况如图 2.24 所示。福建农林大学与其他机构的合作发文最为紧密，合作最多的机构及发文量为武夷学院（20 篇）、福建中医药大学（10 篇）、中国烟草总公司福建省公司（4 篇）、福建省农业科学院（4 篇）、福建师范大学（3 篇）和福州大学（3 篇）。此外，福建省农业科学院与集美大学合作发文 3 篇，其他福建省内研究机构在该领域也有少量合作发文。

第二章 种植业篇

图 2.23 福建省农作物种植领域 CSCD 论文主要发文机构发文趋势

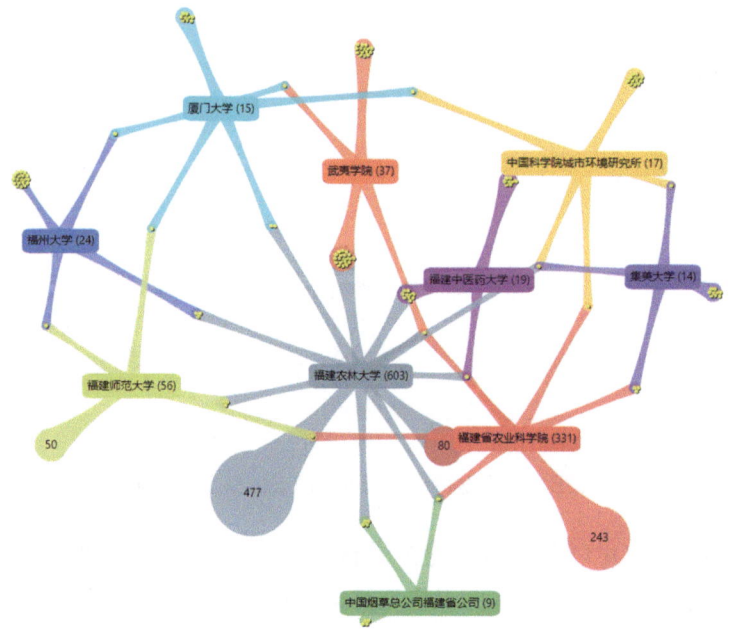

图 2.24 福建省农作物种植领域 CSCD 论文主要发文机构合作关系

29

2.2.3 科研产出与地位表现

分别对全国农作物种植领域 SCI、CSCD 论文的来源省份进行清洗和排名，对论文产出数量、论文被引次数和被引次数区间进行对比，分析各省市在该学科的学术生产力和学术影响力。

2.2.3.1 各省市学术生产力分析

（1）外文文献学术生产力分析

全国农作物种植领域共发表 SCI 论文 34 360 篇，SCI 论文的省市排名如图 2.25 所示。北京市 SCI 论文发文量最多，共 8 789 篇；江苏省排名第二，发文 5 542 篇；广东省排名第三，发文 3 771 篇；浙江省排名第四，发文 3 022 篇；湖北省排名第五，发文 2 864 篇。福建省发文 1 354 篇，排名第十二。

从核心作者的发文情况来看，北京市（5 698 篇），江苏省（4 045 篇），广东省（2 479 篇）依然是发文量排名前三的省市。陕西省核心作者论文占比为 74.35%，江苏省为 72.99%，安徽省为 71.76%，是核心作者论文占比 TOP3 的省市。福建省核心作者论文占比为 63.88%，排名第十一。

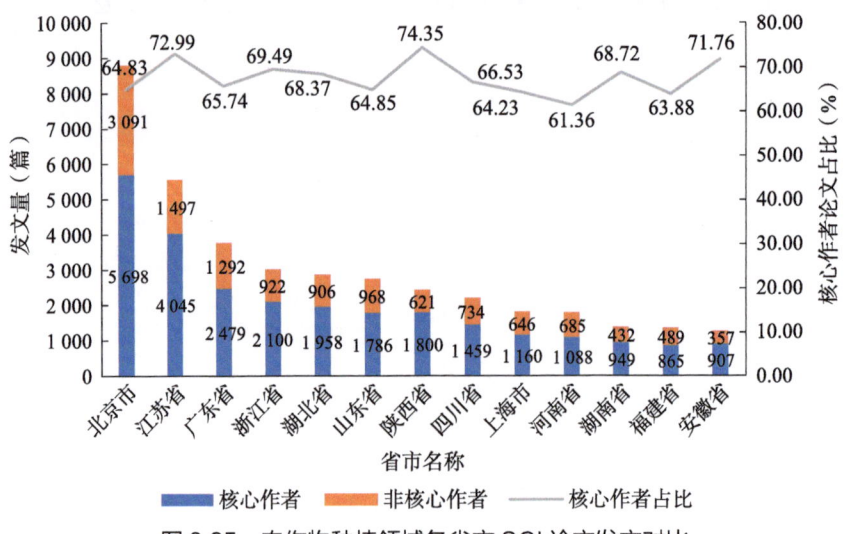

图 2.25 农作物种植领域各省市 SCI 论文发文对比

表 2.10 对 TOP13 省市 SCI 论文及核心作者论文年度分布情况进行了统计。整体来看，TOP13 省市在农作物种植领域发表的论文均呈上升趋势，特别是 2018—2020 年，发文数量增长较快，表明该领域被各个省市共同关注，

30

农作物种植技术的问题亟待解决。从 SCI 论文增长率排名来看，河南省、山东省、湖南省论文增长率与核心论文增长率均排名前三。福建省论文增长率排名第十一，核心论文增长率排名第八。

表 2.10　农作物种植领域各省市 SCI 论文年度分布情况（篇，%）

省市名称	2018年	2019年	2020年	2021年	2022年	SCI 论文增长率（2022/2018）	SCI 论文增长率排名
北京市	1 252	1 507	1 651	1 934	2 445	1.95	13
江苏省	753	916	1 026	1 195	1 652	2.19	9
广东省	433	604	695	933	1 106	2.55	4
浙江省	402	462	554	666	938	2.33	7
湖北省	370	490	540	659	805	2.18	10
山东省	311	429	518	628	868	2.79	2
陕西省	324	397	466	571	663	2.05	12
四川省	262	360	433	493	645	2.46	5
上海市	232	294	341	396	543	2.34	6
河南省	195	266	343	406	563	2.89	1
湖南省	155	227	260	307	432	2.79	3
福建省	179	229	252	316	378	2.11	11
安徽省	163	184	236	302	379	2.33	8

省市名称	2018年	2019年	2020年	2021年	2022年	SCI 核心作者论文增长率（2022/2018）	SCI 核心论文增长率排名
北京市	751	907	995	1 334	1 711	2.28	12
江苏省	544	616	696	916	1 273	2.34	11
广东省	255	349	438	655	782	3.07	4
浙江省	268	281	356	495	700	2.61	7
湖北省	234	314	334	484	592	2.53	9
陕西省	218	271	321	461	529	2.43	6
山东省	175	265	293	444	609	3.48	3
四川省	159	222	258	349	471	2.96	5
上海市	142	163	203	275	377	2.65	6

（续）

省市名称	2018年	2019年	2020年	2021年	2022年	SCI核心作者论文增长率（2022/2018）	SCI核心论文增长率排名
河南省	96	152	180	271	389	4.05	1
湖南省	95	156	153	213	332	3.49	2
安徽省	119	124	162	222	280	2.35	10
福建省	97	139	149	228	252	2.60	8

（2）中文文献学术生产力分析

全国农作物种植领域共发表CSCD论文23 585篇，CSCD论文的省市排名如图2.26所示。北京市、江苏省的CSCD论文发文量依然位列前两名，分别为4 281篇和2 586篇，广东省（1 554篇）、浙江省（1 383篇）、山东省（1 339篇）位列第三至第五。TOP10省市共发文14 351篇，占全部发文的60.85%。福建省发文1 151篇，排名第十一。

从核心作者的发文情况来看，北京市（2 592篇），江苏省（1 896篇），福建省（989篇）位列发文量排名前三的省市。甘肃省核心作者论文占比为88.13%，福建省为85.93%，湖南省为80.43%，是核心作者论文占比TOP3省市。

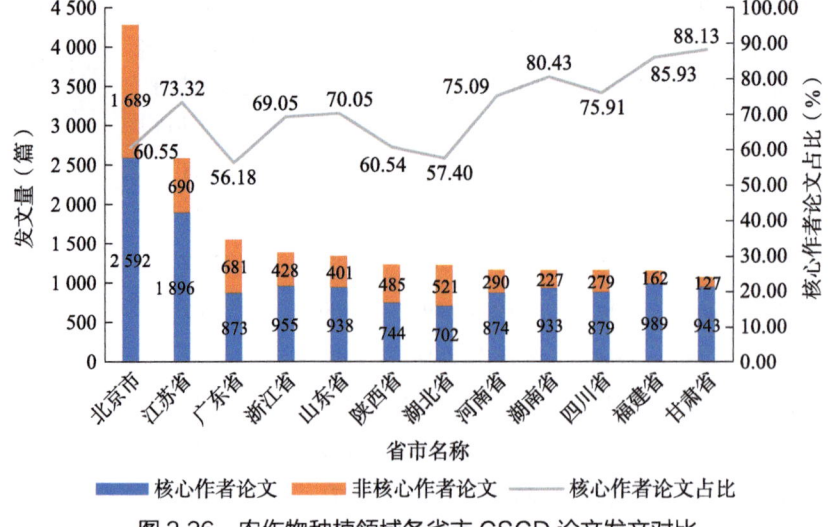

图2.26 农作物种植领域各省市CSCD论文发文对比

表2.11对TOP12省市CSCD论文及核心作者论文年度分布情况进行了统计。整体来看，TOP12省市中一部分农作物种植领域CSCD发文量呈上升趋势。从CSCD论文增长率排名来看，浙江省、湖北省、福建省论文增长率排名前三；福建省、浙江省、江苏省核心作者论文增长率排名前三。

表2.11 农作物种植领域各省市CSCD论文年度分布情况（篇，%）

省市名称	2018年	2019年	2020年	2021年	2022年	CSCD论文增长率（2022/2018）	CSCD论文增长率排名
北京市	798	794	853	905	931	1.17	6
江苏省	457	487	493	600	549	1.20	5
广东省	287	273	286	343	365	1.27	4
浙江省	223	266	258	283	353	1.58	1
山东省	260	262	271	260	286	1.10	7
陕西省	257	247	251	248	226	0.88	12
湖北省	192	228	233	267	303	1.58	2
河南省	232	225	238	252	217	0.94	10
湖南省	212	222	248	249	229	1.08	8
四川省	219	223	241	256	219	1.00	9
福建省	170	243	252	234	252	1.48	3
甘肃省	218	201	239	210	202	0.93	11
省市名称	2018年	2019年	2020年	2021年	2022年	CSCD核心作者论文增长率（2022/2018）	CSCD核心论文增长率排名
北京市	630	618	674	349	321	0.51	11
江苏省	357	384	374	419	362	1.01	3
福建省	157	222	228	189	193	1.23	1
浙江省	179	211	200	149	216	1.21	2
甘肃省	195	184	221	178	165	0.85	5
山东省	207	209	195	161	166	0.80	7
湖南省	186	196	214	179	158	0.85	4
四川省	196	178	201	164	140	0.71	9
河南省	196	179	185	163	151	0.77	8

(续)

省市名称	2018年	2019年	2020年	2021年	2022年	CSCD核心作者论文增长率（2022/2018）	CSCD核心论文增长率排名
广东省	214	203	211	125	120	0.56	10
陕西省	191	193	181	94	85	0.45	12
湖北省	140	167	164	113	118	0.84	6

2.2.3.2 各省市学术影响力分析

（1）外文文献影响力分析

对农作物种植领域中SCI发文TOP13省市的论文总体影响力分析如表2.12所示，包括被引频次、篇均被引频次、未被引论文占比及对应的排名。湖北省SCI论文的篇均被引频次为15.48，排名第一；北京市篇均被引频次14.86，排名第二；上海市篇均被引频次14.81，排名第三，以上省市是该领域论文影响力较大的省市。

表2.12 农作物种植领域各省市SCI论文总体影响力（篇，%）

省市名称	记录数量	被引频次	篇均被引频次	篇均被引频次排名	未被引论文数量	未被引论文占比	未被引论文占比排名
北京市	8 789	130 583	14.86	2	851	9.68	3
江苏省	5 542	79 927	14.42	8	550	9.92	4
广东省	3 771	55 568	14.74	4	386	10.24	5
浙江省	3 022	41 469	13.72	9	330	10.92	9
湖北省	2 864	44 327	15.48	1	261	9.11	1
山东省	2 754	35 056	12.73	12	344	12.49	11
陕西省	2 421	35 084	14.49	7	230	9.50	2
四川省	2 193	32 215	14.69	6	227	10.35	6
上海市	1 806	26 748	14.81	3	188	10.41	7
河南省	1 773	21 471	12.11	13	245	13.82	13
湖南省	1 381	20 339	14.73	5	146	10.57	8
福建省	1 354	18 235	13.47	10	161	11.89	10
安徽省	1 264	16 557	13.10	11	159	12.58	12

从未被引论文数量和占比来看，湖北省发表的 SCI 论文中有 9.11% 未被引用，是未被引论文占比最少的省市，其次是陕西省（9.50%）和北京市（9.68%），表明这些省市发表的论文质量较好，科研成果的影响力更大，更多被他人参考和引用。

图 2.27 展示了发文 TOP13 各省市 SCI 论文的被引频次分布。可以看出，大部分论文的被引频次处于 1~5、6~15 和大于 15 之间，被引频次大于 15 次的论文数量相对较多，说明各省市 SCI 发文在该领域论文影响力较大。北京市有 2 552 篇被引频次大于 15 的论文，江苏省 1 533 篇，广东省 1 029 篇。福建省被引频次在 1~5 次的论文 437 篇，在 6~15 次的论文 409 篇，大于 15 的论文 374 篇。

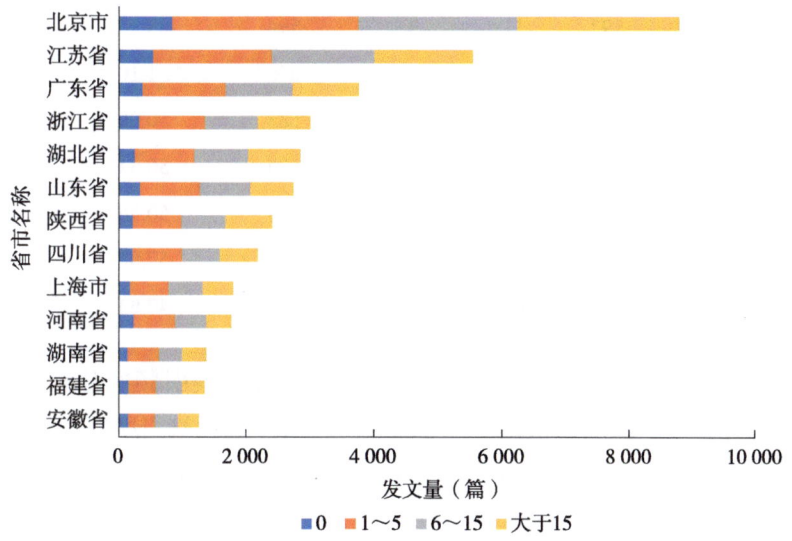

图 2.27 农作物种植领域 SCI 论文被引频次分布

（2）中文文献影响力分析

农作物种植领域中 CSCD 发文 TOP12 省市的论文总体影响力，如表 2.13 所示，包括被引频次、篇均被引频次、未被引论文占比及对应的排名。北京市 CSCD 论文的篇均被引频次为 2.60，排名第一；湖北省篇均被引频次均为 2.16，排名第二；陕西省和山东省篇均被引频次 2.11，排名第三，以上省市是该领域国内论文影响力较大的省市。

从未被引论文数量和占比来看，北京市发表的 CSCD 论文中有 46.11% 未被引用，是未被引论文占比最少的省市，其次是山东省（47.35%）和甘肃省

（47.94%），这些省市发表的论文质量较好，科研成果的影响力更大，更多被他人参考和引用。

表 2.13 农作物种植领域各省市 CSCD 论文总体影响力（篇，%）

省市名称	记录数量	被引频次	篇均被引频次	篇均被引频次排名	未被引论文数量	未被引论文占比	未被引论文占比排名
北京市	4 281	11 136	2.60	1	1 974	46.11	1
江苏省	2 586	5 023	1.94	8	1 240	47.95	4
广东省	1 554	2 706	1.74	9	821	52.83	10
浙江省	1 383	2 309	1.67	10	733	53.00	11
山东省	1 339	2 822	2.11	4	634	47.35	2
陕西省	1 229	2 592	2.11	3	594	48.33	5
湖北省	1 223	2 636	2.16	2	625	51.10	9
河南省	1 164	2 279	1.96	7	583	50.09	6
湖南省	1 160	2 359	2.03	6	584	50.34	7
四川省	1 158	1 932	1.67	11	589	50.86	8
福建省	1 151	1 578	1.37	12	657	57.08	12
甘肃省	1 070	2 204	2.06	5	513	47.94	3

图 2.28 展示了发文 TOP12 各省市 CSCD 论文的被引频次分布。可以看出，大部分论文的被引频次处于 1~5，其次是 6~10，被引频次大于 10 次的论文数量较少。北京市有 229 篇被引频次大于 10 的论文，江苏省 77 篇，山东省 52 篇，其余省市在 50 篇以下。福建省被引频次在 1~5 次的论文 427 篇，在 6~10 次的论文 50 篇，大于 10 的论文 17 篇。

2.2.4 研究热点与发展趋势

基于福建省农作物种植领域发表的 1 354 篇 SCI 论文的全部关键词（作者关键词与 Web of Science 数据库提取的关键词），利用 VOSviewer 软件对该领域 SCI 论文主题聚类和热点进行挖掘，生成聚类图和热力图，并且将 TOP10 主题词的年度发展趋势进行展示。

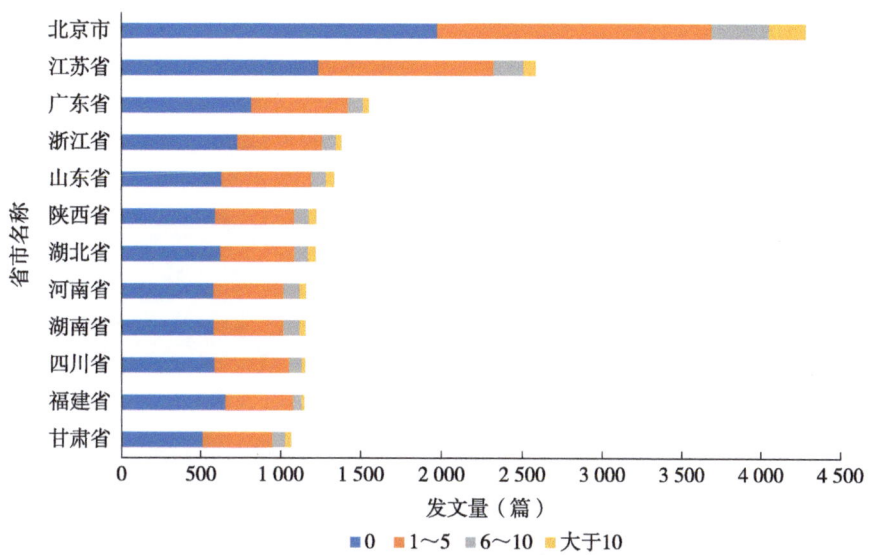

图 2.28　农作物种植领域 CSCD 论文被引频次分布

福建省农作物种植领域 SCI 论文的研究集中在 4 个主题（图 2.29），第一个主题（红色聚类）聚焦于土壤（soil）微生物群落（microbial community）多样性（diversity）的研究，围绕玉米（maize）、产量（yield）、水稻土（paddy soil）、施肥（fertilization）、根系（rhizosphere）、生物量（biomass）、细菌群落（bacterial community）、氮（nitrogen）、碳（carbon）、磷（phosphorus）、生物炭（biochar）、群落结构（community structure）、机制（mechanism）、系统（system）等方面进行研究；第二个主题（绿色聚类）聚焦于基因（genes）、蛋白质（protein）、表达（expression）、鉴定（identification）的分析研究，围绕水稻（rice）、拟南芥（arabidopsis）、转录因子（transcription factor）、转录组（transcriptome）、基因表达（gene-expression）、非生物胁迫（abiotic stress）、生物合成（biosynthesis）、转录组测序技术（RNA-seq）等方面进行研究；第三个主题（蓝色聚类）聚焦于植物（plants）、生长（growth）的研究，围绕叶（leaves）、根系（roots）、积累（accumulation）、酸（acid）、氧化应激（oxidative stress）、光合作用（photosynthesis）、反应（responses）、胁迫（stress）、耐受性（tolerance）、毒性（toxicity）、输送（transport）等方面的研究；第四个主题（黄色聚类）聚焦于病原体（pathogen）、生物防控（biological control）、响应（responses）的分析研究，包括相应疾病（diseases）、抗性（resistance）、防御（defense）等

方面进行研究。

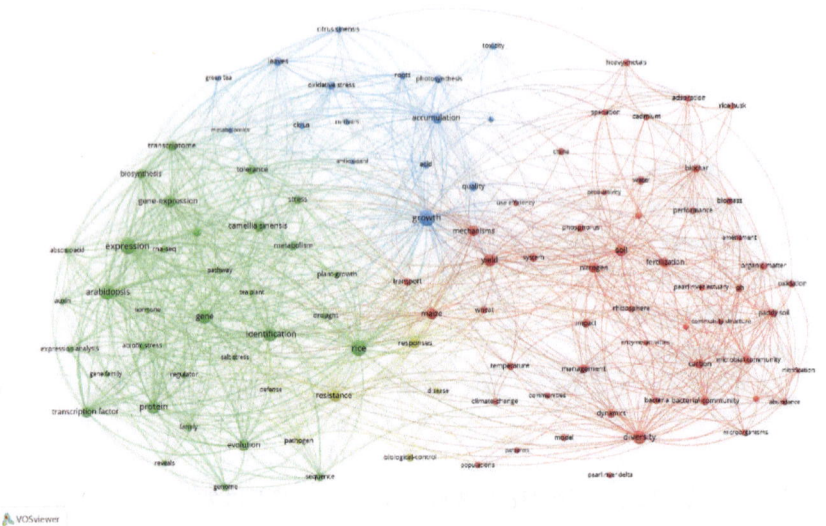

图 2.29　福建省农作物种植领域 SCI 论文主题聚类

图 2.30 为福建省农作物种植领域 SCI 论文的研究热点。可以看出，拟南芥（arabidopsis）、水稻（rice）、表达（expression）、鉴定（identification）、生长（growth）、多样性（diversity）、产量（yield）等为该领域主要的研究热词。

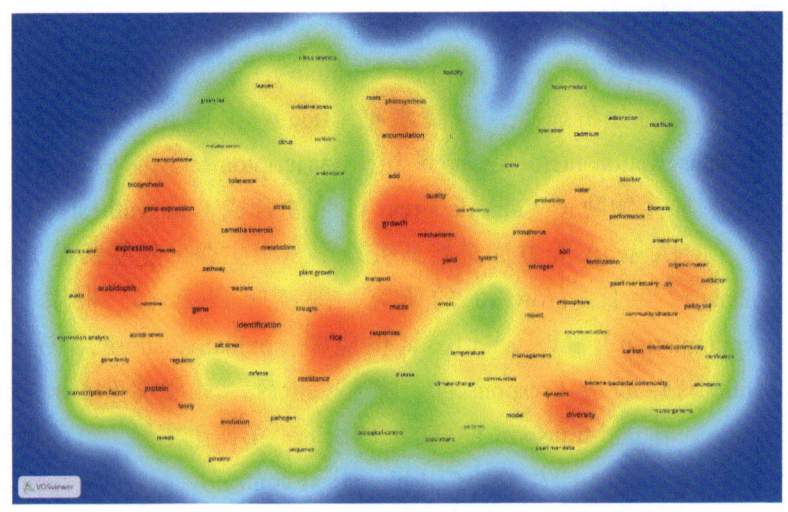

图 2.30　福建省农作物种植领域 SCI 论文研究热点

福建省农作物种植领域 SCI 论文 TOP 主题词的年度发展趋势如图 2.31 所示。生长（growth）、表达（expression）、水稻（rice）、拟南芥（arabidopsis）、基因（gene）、鉴定（identification）、蛋白质（protein）、多样性（diversity）、植物（plants）、产量（yield）是相关发文量较多的主题词。其中表达（expression）、水稻（rice）、基因（gene）、鉴定（identification）、生长（growth）是 2020—2022 年发文增长较多的主题词。

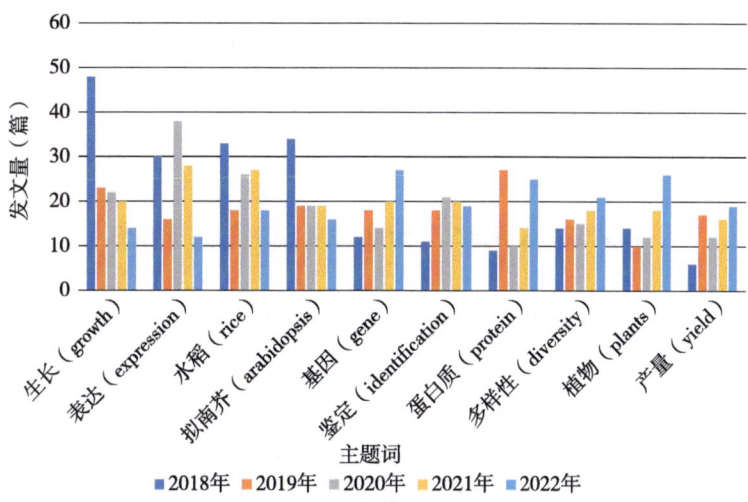

图 2.31　福建省农作物种植领域 SCI 论文 TOP 主题词发展趋势

2.2.5　前沿主题识别

基于 Citespace 共被引网络聚类，福建省 2018—2022 年在农作物种植领域发表的 1 354 篇 SCI 论文共可形成 38 个聚类（图 2.32），其中显著度最高的聚类有 14 个，分别为 #0 phylogeny（系统发育）、#1 gwas（全基因组关联分析）、#2 antibiotic resistance genes（抗生素抗性基因）、#3 citrus sinensis（甜橙）、#4 abiotic stress（非生物胁迫）、#5 correlation analysis（相关分析）、#6 somatic embryogenesis（体细胞胚胎发生）、#7 transcriptome（转录组）、#8 pi9（pi9 基因序列）、#9 growth-related traits（生长相关性状）、#10 interspecific hybrid（种间杂种）、#11 prunus armeniaca（山杏）、#12 grain size（粒径）、#13 cry2a gene（cry2a 基因）。以上为 2018—2022 年福建省在农作物种植领域主要布局的前沿主题。各前沿主题中的高被引文章信息如表 2.14 所示，表明这些文章是各前沿主题中需要重点关注的文章。

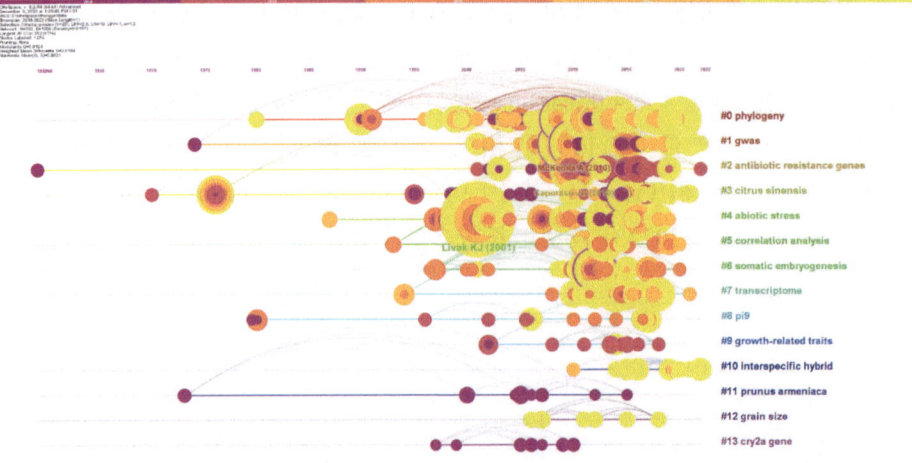

图 2.32　福建省农作物种植领域 SCI 论文研究前沿

表 2.14　农作物种植领域各前沿主题被引频次排名前十的论文

被引频次	引文信息	数字对象标识符（DOI）	集群ID
87	Livak KJ, 2001, METHODS, V25, P402	10.1006/meth.2001.1262	4
37	Caporaso JG, 2010, NAT METHODS, V7, P335	10.1038/nmeth.f.303	2
37	Li H, 2009, BIOINFORMATICS, V25, P1754	10.1093/bioinformatics/btp324	1
34	McKenna A, 2010, GENOME RES, V20, P1297	10.1101/gr.107524.110	1
33	Bolger AM, 2014, BIOINFORMATICS, V30, P2114	10.1093/bioinformatics/btu170	0
33	Kumar S, 2016, MOL BIOL EVOL, V33, P1870	10.1093/molbev/msw054, 10.1093/molbev/msv279	4
32	Li H, 2009, BIOINFORMATICS, V25, P1094	10.1093/bioinformatics/btp100, 10.1093/bioinformatics/btp324	0
30	Chen CJ, 2020, MOL PLANT, V13, P1194	10.1016/j.molp.2020.06.009	0
29	Purcell S, 2007, AM J HUM GENET, V81, P559	10.1086/519795	1
27	Grabherr MG, 2011, NAT BIOTECHNOL, V29, P644	10.1038/nbt.1883	0

2.2.6 福建省农作物种植技术发展趋势小结

2018—2022 年，全国农作物种植领域共发表 SCI 论文 34 360 篇，CSCD 论文 22 643 篇；福建省发表 SCI 论文 1 354 篇，CSCD 论文 1 151 篇。SCI 和 CSCD 的全部作者和核心作者发文量均呈上升态势。

SCI 论文计量分析结果表明，福建农林大学、厦门大学和福建省农业科学院是福建省农作物种植领域 SCI 论文排名前三的机构，TOP 机构发文量总体呈现连续增长态势，其中福建农林大学各年度发文量有明显的优势。福建农林大学的生命科学学院、园艺学院、农学院、植物保护学院及资源与环境学院是农作物种植领域 SCI 发文较为集中的科研团队。机构合作情况表明，福建农林大学与其他机构的合作发文最为紧密。

各省市在农作物种植领域的 SCI 学术生产力分析结果表明，北京市、江苏省、广东省分列 SCI 全部作者和核心作者发文量的前三位，福建省全部作者发文排名第十二，核心作者发文排名第六位。从 SCI 论文增长率排名来看，河南省、山东省、湖南省论文增长率与核心论文增长率均排名前三。福建省论文增长率排名第十一，核心论文增长率排名第八。

各省市在农作物种植领域的 SCI 学术影响力分析结果表明，湖北省、北京市、上海市是该领域论文影响力较大的省市，福建省篇均被引排名第十位。湖北省、陕西省、北京市是该领域未被引论文占比最少的省市，这些省市发表的论文质量较好，科研成果的影响力更大，更多被他人参考和引用，福建省未被引论文占比排名第十。

CSCD 论文计量分析结果表明，福建农林大学、福建省农业科学院和福建师范大学是福建省农作物种植领域 CSCD 论文排名前三的机构，TOP 机构发文量总体呈现连续增长态势。福建农林大学园艺植物生物工程研究所、园艺学院的茶学福建省高校重点实验室、菌物研究中心、资源与环境学院的福建省土壤环境健康与调控重点实验室、闽台特色作物病虫生态防控协同创新中心及国家菌草工程技术研究中心等是农作物种植领域 CSCD 发文较为集中的团队。合作情况看，福建农林大学与其他机构合作最为紧密。

各省市在农作物种植领域的学术生产力分析结果表明，北京市、江苏省分列 CSCD 全部作者和核心作者发文量的前两位，福建省全部作者发文排名第十一，核心作者发文排名第三，核心发文占比排名第二。从 CSCD 论文增长率排名来看，浙江省、湖北省、福建省论文增长率排名前三；福建省、浙江省、江苏省核心作者论文增长率排名前三。

各省市在农作物种植领域的 CSCD 学术影响力分析结果表明，北京市、湖北省、陕西省是该领域国内论文影响力较大的省市，福建省篇均被引排名第十二。北京市、山东省、甘肃省是该领域未被引论文占比最少的省市，这些省市发表的论文质量较好，科研成果的影响力更大，更多被他人参考和引用，福建省未被引论文占比排名第十二。

VOSviewer 生成的聚类图和热力图表明，福建省农作物种植领域 SCI 论文的研究热点集中在 4 个主题。第一个主题聚焦于土壤（soil）微生物群落（microbial community）多样性（diversity）的研究；第二个主题聚焦于基因（genes）、蛋白质（protein）、表达（expression）、鉴定（identification）的分析研究；第三个主题聚焦于植物（plants）、生长（growth）的研究；第四个主题聚焦于病原体（pathogen）、生物防控（biological control）、响应（responses）的分析研究。拟南芥（arabidopsis）、水稻（rice）、表达（expression）、鉴定（identification）、生长（growth）、多样性（diversity）、产量（yield）等为该领域主要的研究热词。

Citespace 生成的研究前沿聚类图表明，福建省农作物种植领域 SCI 论文的研究前沿集中在 14 个主题。分别为 #0 phylogeny（系统发育）、#1 gwas（全基因组关联分析）、#2 antibiotic resistance genes（抗生素抗性基因）、#3 citrus sinensis（甜橙）、#4 abiotic stress（非生物胁迫）、#5 correlation analysis（相关分析）、#6 somatic embryogenesis（体细胞胚胎发生）、#7 transcriptome（转录组）、#8 pi9（pi9 基因序列）、#9 growth-related traits（生长相关性状）、#10 interspecific hybrid（种间杂种）、#11 prunus armeniaca（山杏）、#12 grain size（粒径）、#13 cry2a gene（cry2a 基因）。

2.3 福建省农作物病虫害防控技术发展趋势小结

2.3.1 总体发展与变化趋势

2018—2022 年，全国农作物病虫害防控领域共发表 SCI 论文 16 451 篇，福建省发表 SCI 论文 791 篇。如图 2.33 所示，2018—2020 年福建省农作物病虫害防控领域的发文数量呈连续提升态势。2022 年福建省在农作物病虫害防控领域发表论文 215 篇，是 2018 年（102 篇）的 2.11 倍。

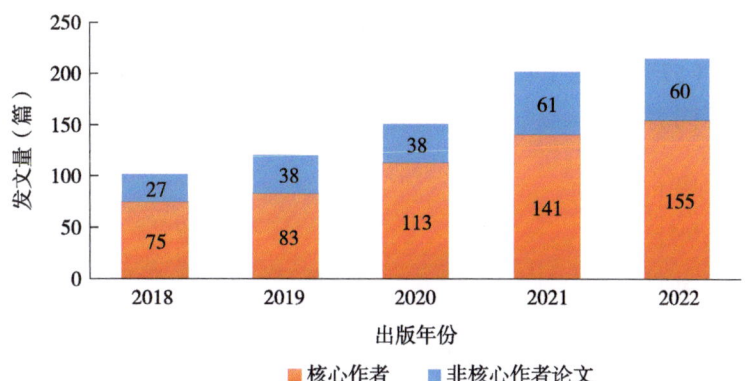

图 2.33　福建省农作物病虫害防控领域 SCI 论文发文趋势

从表 2.15 中 SCI 论文的作者类型来看，福建省以核心作者发表的论文数量也在不断提升。2018—2022 年核心作者发文数量占比均在 65% 以上。2022 年核心作者发文数量 155 篇，是 2018 年（75 篇）的 2.07 倍，表明以福建省科研机构、高校、企业为主导的相关研究正在积极开展，高质量论文不断增加（注：SCI 论文第一作者和通信作者为 SCI 发文的核心作者，下同）。

表 2.15　福建省农作物病虫害防控领域 SCI 论文作者类型（篇）

出版年份	SCI 发文总量	SCI 核心作者论文	SCI 非核心作者论文
2018	102	75	27
2019	121	83	38
2020	151	113	38
2021	202	141	61
2022	215	155	60

2018—2022 年，全国农作物病虫害防控领域共发表 CSCD 论文 10 397 篇，福建省发表 CSCD 论文 461 篇。如图 2.34 所示，福建省 CSCD 论文发文数量从 2020 年开始连续增加，2021—2022 年，福建省每年在农作物病虫害防控领域发表 CSCD 论文均在 100 篇以上，2022 年发文数量（112 篇）是 2018 年（64 篇）的 1.75 倍，说明福建省对在国内高水平期刊发表学术成果较为重视。

从表 2.16 中 CSCD 论文的作者类型来看，福建省以核心作者发表的论文数量在不断提升，与 SCI 论文相比，CSCD 论文的核心作者比例更高，2018

年、2020 年的核心作者比例均在 88% 以上。2022 年核心作者发文数量 70 篇，是 2018 年（57 篇）的 1.23 倍（注：CSCD 论文第一作者为 CSCD 发文的核心作者，下同）。

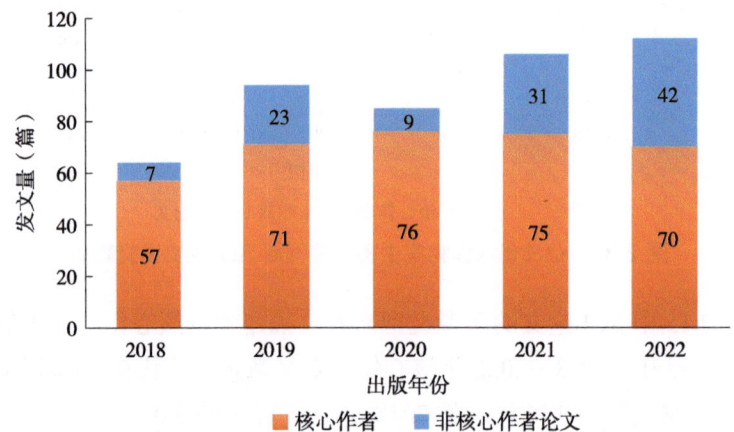

图 2.34　福建省农作物病虫害防控领域 CSCD 论文发文趋势

表 2.16　福建省农作物病虫害防控领域 CSCD 论文作者类型

出版年份	CSCD 发文总量	CSCD 核心作者论文	CSCD 非核心作者论文
2018	64	57	7
2019	94	71	23
2020	85	76	9
2021	106	75	31
2022	112	70	42

2.3.2　研究机构与核心团队

对福建省农作物病虫害防控领域的 SCI 论文和 CSCD 论文数据进行清洗，对主要研究机构与核心研究团队进行筛选和分析。

2.3.2.1　外文文献主要研究机构与核心团队

图 2.35 为福建省农作物病虫害防控领域 SCI 论文的 TOP10 发文机构。福建农林大学（424 篇）发文量远超其他机构，是排名第二、第三的厦门大学（100 篇）、福建省农业科学院（68 篇）发文量的 5~6 倍，福建师范大学（53

篇）、福州大学（46 篇）、中国科学院城市环境研究所（44 篇）也有一定数量的发文。华侨大学、闽江学院、集美大学发文也在 20 篇以上。

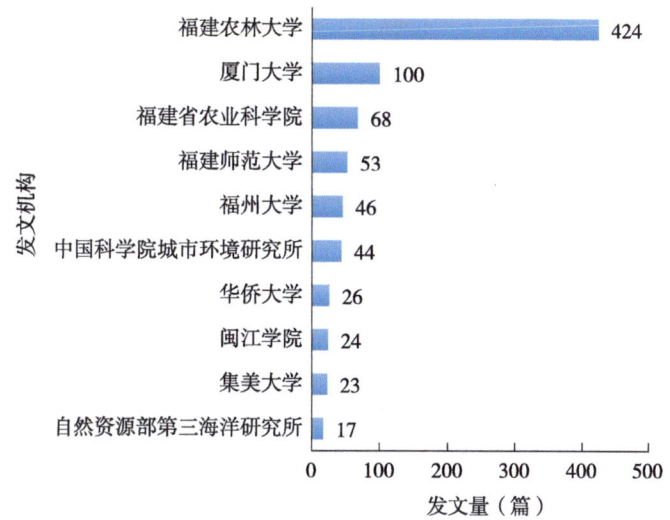

图 2.35　福建省农作物病虫害防控领域 SCI 论文主要发文机构

从图 2.36 的 SCI 论文主要发文机构的发文趋势来看，福建农林大学、厦门大学、福建省农业科学院的发文量总体呈现增长态势，闽江学院 2021 年发文量增幅较大，发表 SCI 论文 14 篇。福建农林大学各年度发文量都具有明显的优势，2022 年的发文量达 110 篇。

对 SCI 论文发文的核心团队进行分析发现，福建农林大学的害虫生态防控国际合作联合实验室，闽台作物有害生物生态防控国家重点实验室，国家甘蔗工程技术研究中心等重点实验室，以及植物保护学院、应用生态研究所是农作物病虫害防控领域发文较为集中的团队，这些团队、院所与国际发达国家以及我国台湾地区以及省内科研机构进行合作共建，以福建特色作物为中心进行基础研究和应用研究，联合解决福建地区与合作地区有害生物防控的问题。厦门大学的近海海洋环境科学国家重点实验室、福建省滨海湿地保护与生态恢复工程技术研究中心、滨海湿地生态系统教育部重点实验室等团队是相关论文产出较为集中的团队。福建省农业科学院的植物保护研究所、农业生物资源研究所仍然是发文较多的研究所，农业质量标准与检测技术研究所、水稻研究所也有相关发文，福建省作物有害生物监测与治理重点实验室、农业部福州作物有害生物科学观测实验站等是核心的发文团队。

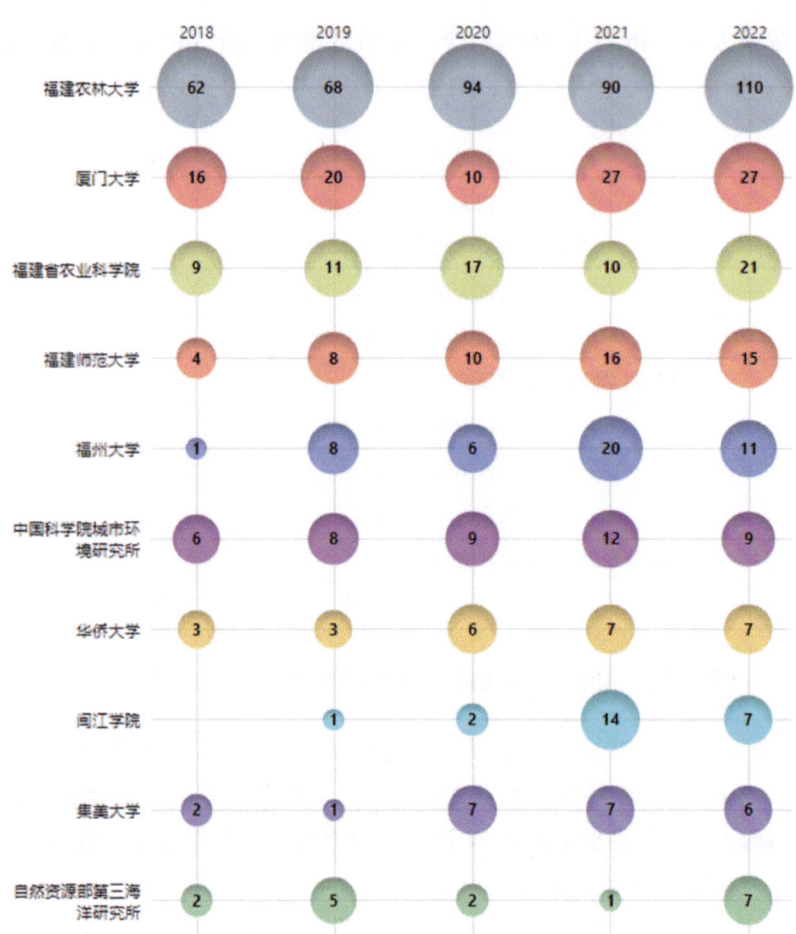

图 2.36 福建省农作物病虫害防控领域 SCI 论文主要发文机构发文趋势

  通过统计分析论文中全部作者的来源机构，绘制福建省农作物病虫害防治技术领域 SCI 主要机构的合作发文情况，如图 2.37 所示。在农作物病虫害防治技术领域，各主要机构均开展了不同程度的合作研究与发文工作。福建农林大学与其他机构的合作发文最为频繁，与其他九位发文机构均有合作发文，合作最多的机构为福建省农业科学院，合作发文 34 篇，其次与福州大学合作发文 9 篇，与闽江大学和福建师范大学各合作发文 7 篇。较之其他机构，闽江学院、自然资源部第三海洋研究所和其他机构之间合作发文较少。

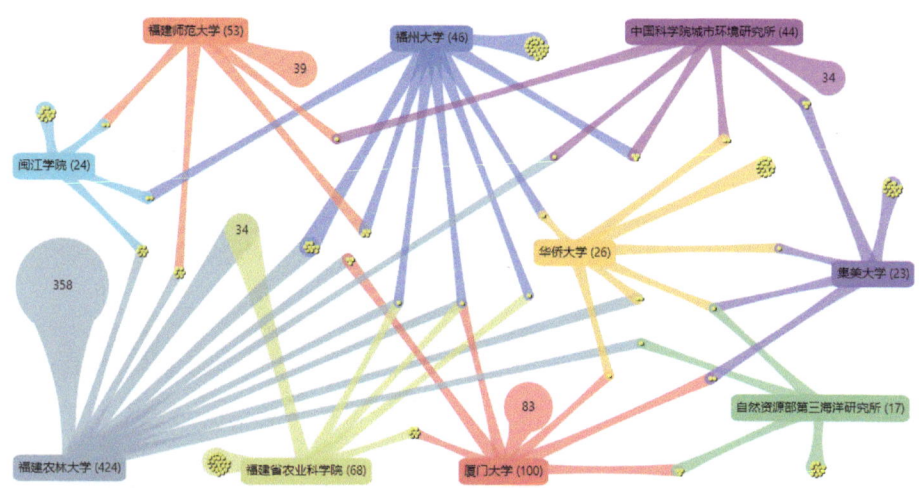

图 2.37　福建省农作物病虫害防控领域 SCI 论文主要发文机构合作关系

2.3.2.2　中文文献主要研究机构与核心团队

图 2.38 为福建省农作物病虫害防控领域 CSCD 论文的 TOP10 发文机构以及发文年代趋势（图 2.39）。CSCD 论文的发文机构比较集中，基本是福建农林大学（213 篇）和福建省农业科学院（131 篇）。从年度发文量来看，福建农林大学、福建省农业科学院 2018—2022 年的发文量持续增加，较之其他机构的发文量优势显著。

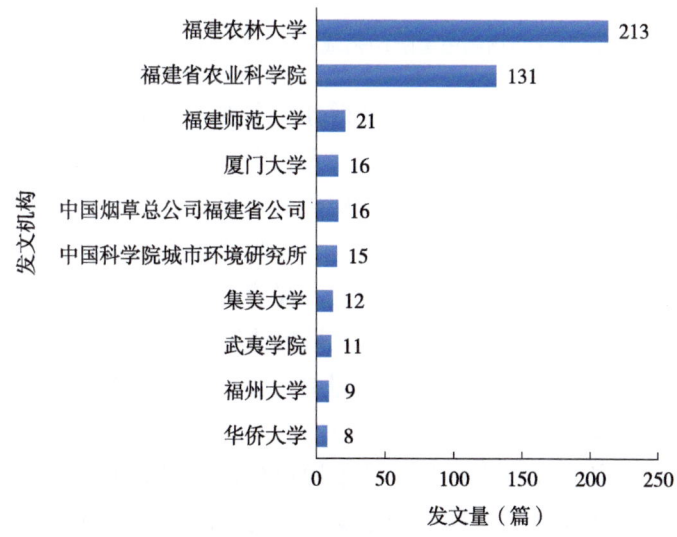

图 2.38　福建省农作物病虫害防控领域 CSCD 论文主要发文机构

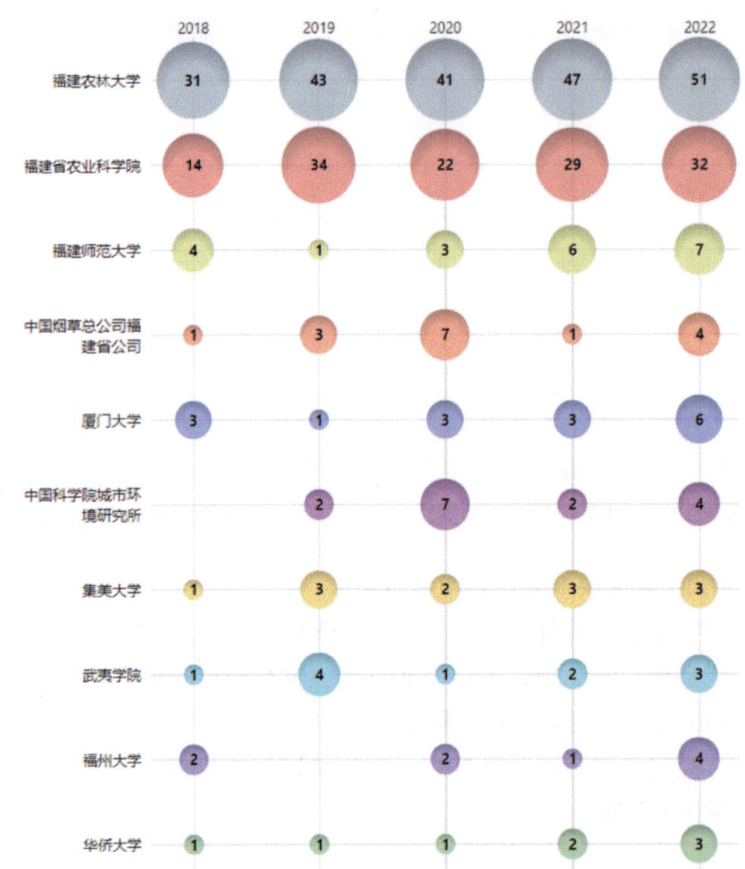

图 2.39　福建省农作物病虫害防控领域 CSCD 论文主要发文机构发文趋势

对 CSCD 论文发文的核心团队进行分析发现，福建农林大学的闽台作物有害生物生态防控国家重点实验室在发表较多 SCI 论文的同时也比较注重在国内高水平期刊上发表研究成果，生物防治研究所、国家林业局杉木工程技术研究中心、国家菌草工程技术研究中心、福建省土壤环境健康与调控重点实验室等团队也发表了一定数量的论文。福建省农业科学院农业生物资源研究所、植物保护研究所、茶叶研究所、果树研究所均开展了相关研究并产出成果，福建省作物有害生物检测与治理重点实验室，农业农村部福州作物有害生物科学观测实验站等是核心的发文团队。

通过统计分析论文中全部作者的来源机构，绘制福建农作物病虫害防治技术领域 CSCD 发文主要机构的合作发文情况，如图 2.40 所示。在 CSCD 发文方面，福建农林大学仍与其他机构的合作发文开展了相对密切的合作，与六位机构均有合作发文，合作最多的机构为福建省农业科学院，合作发文 27 篇，其次是与中国烟草总公司福建省公司合作发文 10 篇，与武夷学院合作发文 8 篇。较之其他机构，华侨大学、集美大学和其他机构之间合作发文较少。

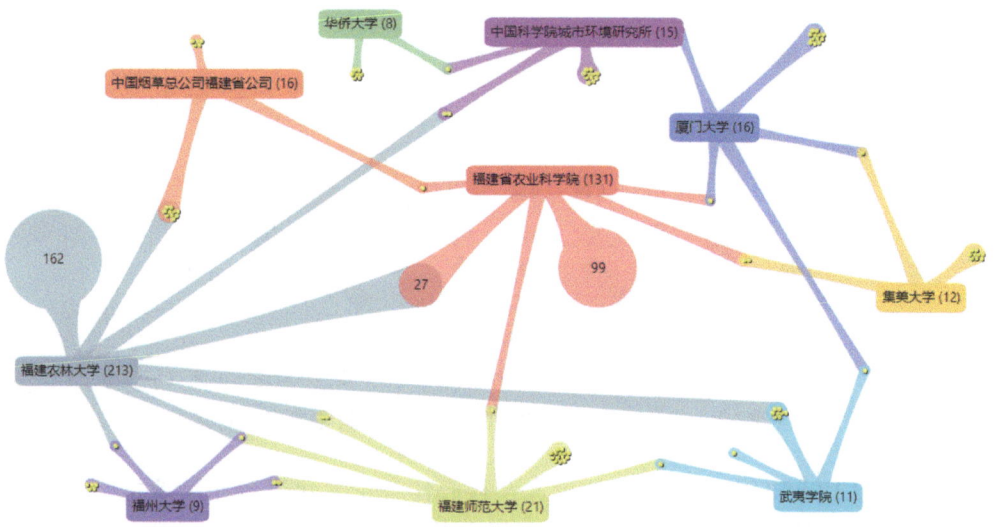

图 2.40　福建省农作物病虫害防控领域 SCI 论文主要发文机构合作关系

2.3.3　科研产出与地位表现

分别对全国农作物病虫害防控领域 SCI、CSCD 论文的来源省份进行清洗和排名，对论文产出数量、论文被引次数和被引次数区间进行对比，分析各省市在该学科的学术生产力和学术影响力。

2.3.3.1　各省市学术生产力分析

（1）外文文献学术生产力分析

全国农作物病虫害防控领域共发表 SCI 论文 16 451 篇，SCI 论文的省市排名如图 2.41 所示。北京市 SCI 论文发文量最多，共 4 309 篇；江苏省排名第二，发文 2 388 篇；广东省排名第三，发文 1 694 篇；浙江省排名第四，发文 1 345 篇；山东省排名第五，发文 1 274 篇。TOP10 省市共发文 12 368 篇，占全部发文的 75.19%。福建省发文 791 篇，排名第十。

从核心作者的发文情况来看，北京市（3 055 篇），江苏省（1 879 篇），广东省（1 217 篇）依然是发文量排名前三的省市。陕西省核心作者论文占比为 81.07%，江苏省为 78.96%，浙江省为 73.83%，是核心作者论文占比 TOP3

省市。福建省核心作者论文占比为71.68%，排名第七。

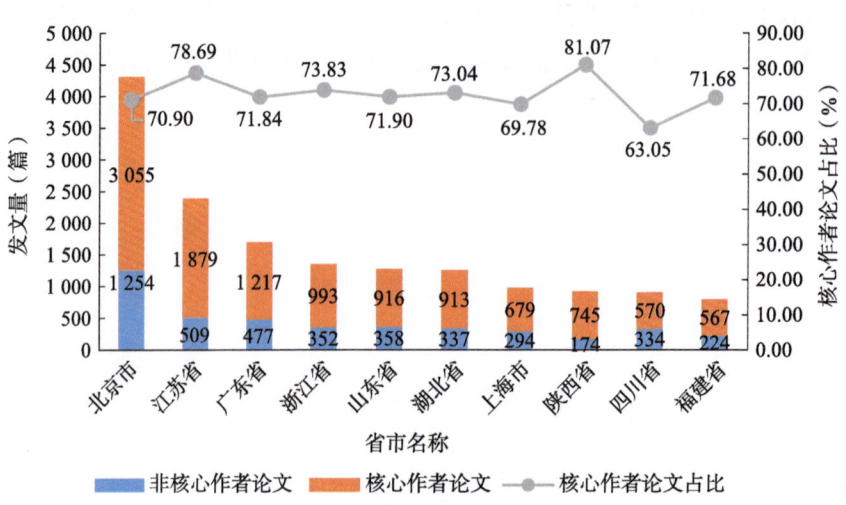

图 2.41 农作物病虫害防控领域各省市 SCI 论文发文对比

表 2.17 对 TOP10 省市 SCI 论文及核心作者论文年度分布情况进行了统计分析。整体来看，TOP10 省市在农作物病虫害防控领域发表的论文呈上升趋势，特别是 2020—2021 年，发文数量增长较快，表明该领域被各个省市共同关注，农作物病虫害防控是热门的研究方向。从 SCI 论文增长率排名来看，四川省、山东省、江苏省论文增长率与核心论文增长率均排名前三。福建省论文增长率与核心论文增长率均排名第九。

表 2.17 农作物病虫害防控领域各省市 SCI 论文年度分布情况（篇，%）

省市名称	2018年	2019年	2020年	2021年	2022年	SCI 论文增长率（2022/2018）	SCI 论文增长率排名
北京市	526	692	841	1 005	1 245	2.37	7
江苏省	277	355	450	583	723	2.61	3
广东省	195	244	304	451	500	2.56	5
浙江省	178	195	258	300	414	2.33	8
山东省	129	168	258	329	390	3.02	2
湖北省	146	209	255	287	353	2.42	6
上海市	140	176	183	205	269	1.92	10
陕西省	101	142	203	209	264	2.61	3

（续）

省市名称	2018年	2019年	2020年	2021年	2022年	SCI论文增长率（2022/2018）	SCI论文增长率排名
四川省	88	117	190	213	296	3.36	1
福建省	102	121	151	202	215	2.11	9

省市名称	2018年	2019年	2020年	2021年	2022年	SCI核心作者论文增长率（2022/2018）	SCI核心论文增长率排名
北京市	391	489	591	698	886	2.27	7
江苏省	216	286	359	460	558	2.58	3
广东省	140	181	221	317	358	2.56	4
浙江省	137	143	190	213	310	2.26	8
山东省	98	121	184	220	293	2.99	1
湖北省	102	158	197	205	251	2.46	6
陕西省	104	124	121	138	192	1.85	10
上海市	84	112	161	174	214	2.55	5
四川省	65	81	113	123	188	2.89	2
福建省	75	83	113	141	155	2.07	9

（2）中文文献学术生产力分析

全国农作物病虫害防控领域共发表CSCD论文10 379篇，CSCD论文的省区市排名如图2.42所示。北京市、江苏省的CSCD论文发文量依然位列前两名，分别为2 259篇和1 038篇，广东省（729篇）、山东省（676篇）、浙江省（632篇）位列第三至第五。TOP10省市共发文5 845篇，占全部发文的62.34%。福建省发文461篇，排名第十。

从核心作者的发文情况来看，北京市（1 388篇），江苏省（714篇），广东省和山东省均是（473篇）是发文量排名前三的省区市，福建省核心作者发文349篇，排名第九。新疆维吾尔自治区核心作者论文占比为77.71%，云南省为76.64%，福建省为75.70%，排名第三。

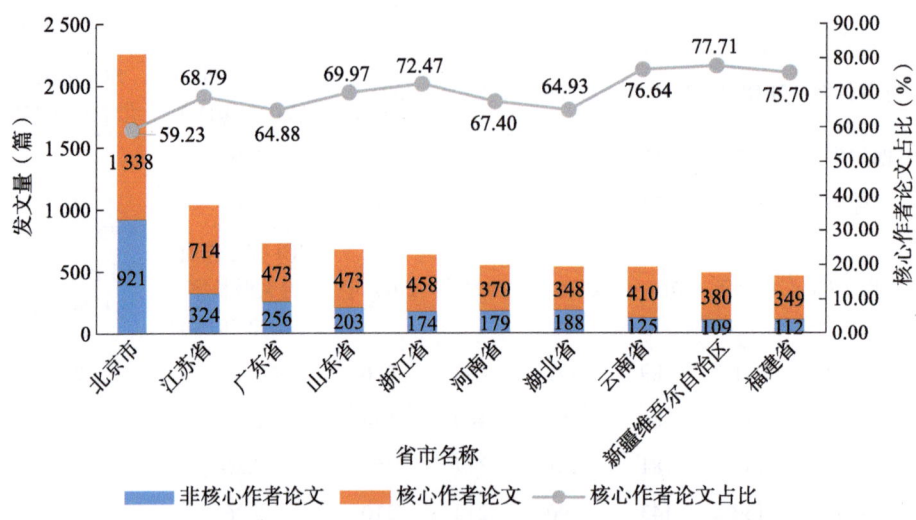

图 2.42　农作物病虫害防控领域各省区市 CSCD 论文发文对比

表 2.18 对 TOP10 省区市 CSCD 论文及核心作者论文年度分布情况进行了统计分析。整体来看，TOP10 省市在农作物病虫害防控领域的 CSCD 发文整体呈上升趋势。从 CSCD 论文增长率排名来看，福建省、江苏省、广东省论文增长率排名前三；河南省、江苏省、云南省的 CSCD 核心作者论文增长率排名前三。

表 2.18　农作物病虫害防控领域各省区市 CSCD 论文年度分布情况（篇）

省区市名称	2018年	2019年	2020年	2021年	2022年	CSCD 论文增长率（2022/2018）	CSCD 论文增长率排名
北京市	376	390	454	527	512	1.36	8
江苏省	149	174	211	251	253	1.70	2
广东省	111	139	139	155	185	1.67	3
山东省	126	146	140	127	137	1.09	10
浙江省	105	123	114	124	166	1.58	5
河南省	91	86	101	123	148	1.63	4
湖北省	97	85	104	119	131	1.35	9
云南省	74	113	110	121	117	1.58	5
新疆维吾尔自治区	80	91	92	114	112	1.40	7
福建省	64	94	85	106	112	1.75	1

（续）

省区市名称	2018年	2019年	2020年	2021年	2022年	CSCD核心作者论文增长率（2022/2018）	CSCD核心论文增长率排名
北京市	267	261	307	249	254	0.95	9
江苏省	114	133	152	157	158	1.39	2
广东省	89	98	104	81	101	1.13	7
山东省	90	122	107	80	74	0.82	10
浙江省	89	96	89	79	105	1.18	5
河南省	65	57	80	67	101	1.55	1
湖北省	69	63	67	73	76	1.10	8
云南省	64	94	81	86	85	1.33	3
新疆维吾尔自治区	65	77	82	82	74	1.14	6
福建省	57	71	76	75	70	1.23	4

2.3.3.2 各省市学术影响力分析

（1）外文文献影响力分析

农作物病虫害防控领域中SCI发文TOP10省市的论文总体影响力如表2.19所示，包括被引频次、篇均被引频次、未被引论文占比及对应的排名。四川省SCI论文的篇均被引频次为15.58，排名第一；上海市篇均被引频次14.12，排名第二；陕西省篇均被引频次14.09，排名第三；以上省市是该领域论文影响力较大的省市。

表2.19 农作物病虫害防控领域各省市SCI论文总体影响力

省市名称	记录数量	被引频次	篇均被引频次	篇均被引频次排名	未被引论文数量（篇）	未被引论文占比（%）	未被引论文占比排名
北京市	4 309	59 249	13.75	5	427	9.91	3
江苏省	2 388	32 000	13.40	6	271	11.35	8
广东省	1 694	19 520	11.52	8	165	9.74	2
浙江省	1 345	18 733	13.93	4	152	11.30	7
山东省	1 274	12 846	10.08	10	130	10.20	5

（续）

省市名称	记录数量	被引频次	篇均被引频次	篇均被引频次排名	未被引论文数量（篇）	未被引论文占比（%）	未被引论文占比排名
湖北省	1 250	15 891	12.71	7	136	10.88	6
上海市	973	13 738	14.12	2	92	9.46	1
陕西省	919	12 947	14.09	3	92	10.01	4
四川省	904	14 087	15.58	1	103	11.39	9
福建省	791	8 706	11.01	9	103	13.02	10

从未被引论文数量和占比来看，上海市发表的SCI论文中有9.46%未被引用，是未被引论文占比最少的省市，其次是广东省（9.74%）和浙江省（9.91%），表明这些省市发表的论文质量较好，科研成果的影响力更大，更多被他人参考和引用。

图2.43展示了发文TOP10各省市SCI论文的被引频次分布。可以看出，大部分论文的被引频次处于1~5和6~15，被引频次大于15次的论文数量较少。北京市有1 058篇被引频次大于15的论文，江苏省555篇，广东省371篇。福建省被引频次在1~5次的论文281篇，在6~15次的246篇，大于15的论文161篇。

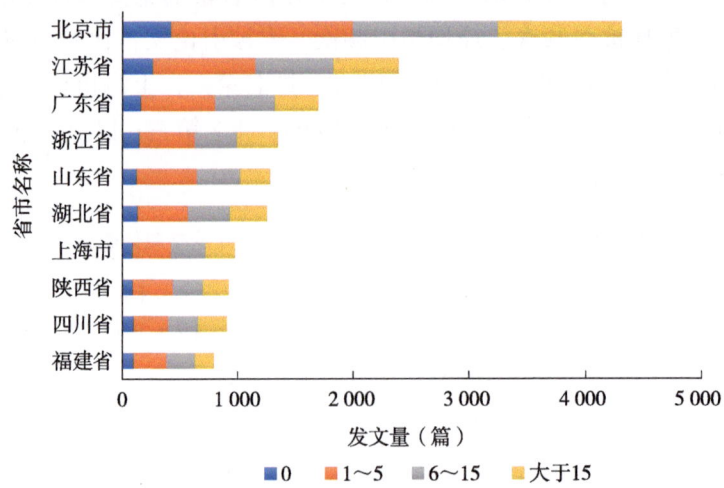

图2.43　农作物病虫害防控领域各省市SCI论文被引频次分布

（2）中文文献影响力分析

农作物病虫害防控领域中 CSCD 发文 TOP10 省区市的论文总体影响力如表 2.20 所示，包括被引频次、篇均被引频次、未被引论文占比及对应的排名。北京市 CSCD 论文的篇均被引频次为 3.10，排名第一；广东省篇均被引频次 2.36，排名第二；湖北省篇均被引频次 2.24，排名第三；以上省市是该领域国内论文影响力较大的省市。

从未被引论文数量和占比来看，北京市发表的 CSCD 论文中有 48.12% 未被引用，是未被引论文占比最少的省市，其次是浙江省（62.69%）和山东省（53.70%），表明这些省市发表的中文论文质量较好，科研成果的影响力更大，更多被他人参考和引用。

表 2.20 农作物病虫害防控领域各省区市 CSCD 论文总体影响力

省区市名称	记录数量	被引频次	篇均被引频次	篇均被引频次排名	未被引论文数量（篇）	未被引论文占比（%）	未被引论文占比排名
北京市	2 259	7 000	3.10	1	1 087	48.12	1
江苏省	1 038	2 199	2.12	6	576	55.49	5
广东省	729	1 724	2.36	2	393	53.91	4
山东省	676	1 454	2.15	5	363	53.70	3
浙江省	632	1 128	1.78	9	333	52.69	2
河南省	549	1 100	2.00	7	318	57.92	9
湖北省	536	1 201	2.24	3	310	57.84	8
云南省	535	1 186	2.22	4	304	56.82	6
新疆维吾尔自治区	489	954	1.95	8	281	57.46	7
福建省	461	769	1.67	10	274	59.44	10

图 2.44 展示了发文 TOP13 各省区市 CSCD 论文的被引频次分布。可以看出，大部分论文的被引频次处于 1~5，其次是 6~15，被引频次大于 15 次的论文数量较少。北京市有 84 篇被引频次大于 15 的论文，江苏省 19 篇，广东省 18 篇，云南省 14 篇，其余省市在 10 篇以下。福建省被引频次在 1~5 次的论文 160 篇，在 6~15 次的 23 篇，大于 15 的论文 3 篇。

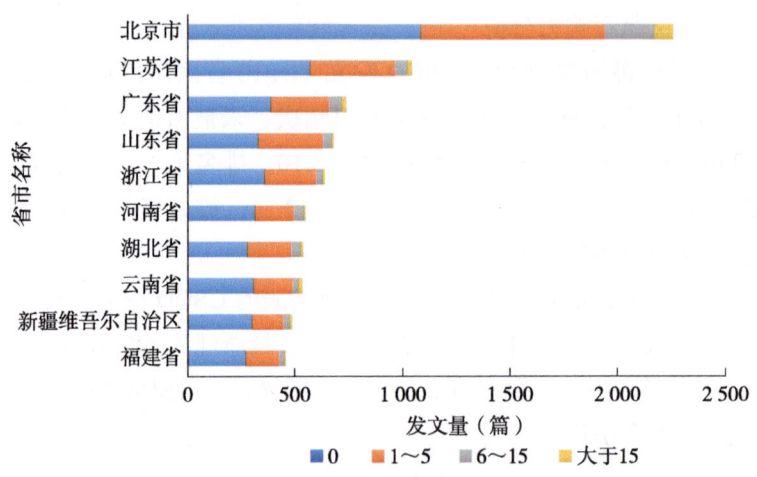

图 2.44　农作物病虫害防控领域各省区市 CSCD 论文被引频次分布

2.3.4　研究热点与发展趋势

　　基于福建省农作物病虫害防控领域发表的 791 篇 SCI 论文的全部关键词（作者关键词与 Web of Science 数据库提取的关键词），利用 VOSviewer 软件对该领域 SCI 论文主题聚类和热点进行挖掘，生成聚类图和热力图，并且将 TOP10 主题词的年度发展趋势进行展示。

　　福建省农作物病虫害防控领域 SCI 论文的研究集中在 6 个主题（图 2.45）：第一个主题（红色聚类）聚焦于病虫害综合管理（management）以及不同因素对农作物病虫害防控的影响（impact）研究，包括土地利用（land use）、细菌（bacteria）、微生物群（microbial community）、生物炭（biochar）、氮（nitrogen）、磷（phosphorus）、使用效率（use efficiency）等相关研究；第二个主题（绿色聚类）聚焦于昆虫抗性（resistance）以及相关基因表达（expression）的研究，包括机制（mechanisms）、毒性（toxicity）、棉铃虫（helicoverpa armigera）、小菜蛾（plutella xylostella）、鳞翅目昆虫（lepidoptera）、蛋白（protein）等相关研究；第三个主题（深蓝色聚类）聚焦于农作物病虫害的生物防控（biological control）以及生物多样性（diversity）研究，包括利用球孢白僵菌（beauveria-bassiana）、黑僵菌（metarhizium-anisopliae）等微生物进行微生物病虫害防治（microbial control），以及杀虫剂（insecticide）、种群（population）、宿主（host）等相关研究；第四个主题（黄色聚类）聚焦于植物生长（plant growth）以及基因位点识别（identification）

的研究，包括抗菌活性（antibacterial activity）、免疫应答（immnue response）、生长表现（growth performance）；第五个主题（紫色聚类）聚焦于害虫综合治理（integrated pest management）和栖境管理（habitat management），包括天敌（natural enemies）、生态系统服务（ecosystem service）等相关研究；第六个主题（橙色聚类）规模较小，由疾病（disease）、进化（evolution）、马铃薯晚疫病（potato phytophthora infestans）的研究组成。

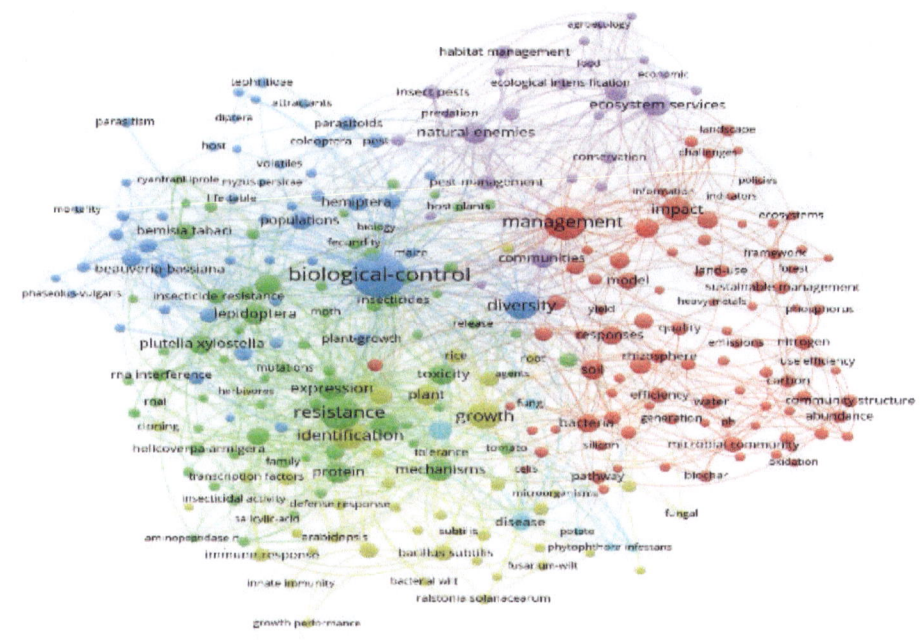

图 2.45　福建省农作物病虫害防控领域 SCI 论文主题聚类

图 2.46 为福建省农作物病虫害防控领域 SCI 论文的研究热点。可以看出，生物防控（biological control）、抗性（resistance）、多样性（diversity）、综合管理（management）、识别（identification）、基因（gene）、蛋白（protein）、天敌（natural enemies）、害虫（pest）等为该领域主要的研究热词。

福建省农作物病虫害防控领域 SCI 论文 TOP 主题词的年度发展趋势如图 2.47 所示。生物防控（biological control），抗性（resistance），管理（management），多样性（diversity），识别（identification），生长（growth），表达（expression）、基因（gene），影响（impact）和生态系统服务（ecosystem service）是相关发文量较多的主题词。其中生物防治、多样性、管理、生长、影响是 2020—2022 年发文增长较多的主题词。

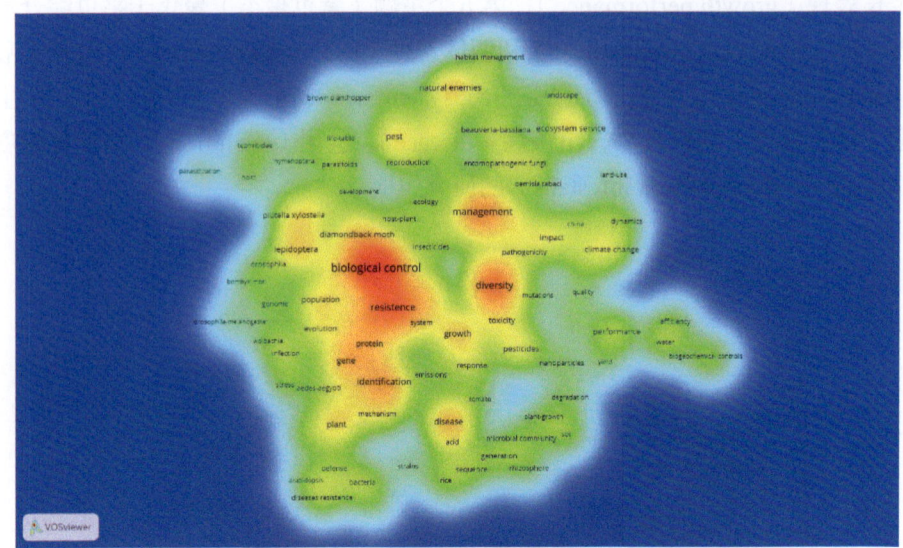

图 2.46　福建省农作物病虫害防控领域 SCI 论文研究热点

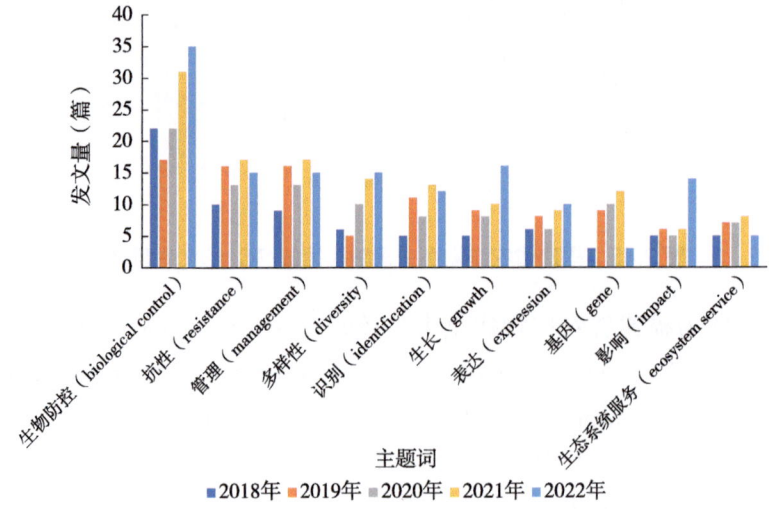

图 2.47　福建省农作物病虫害防控领域 SCI 论文 TOP 主题词发展趋势

2.3.5　前沿主题识别

基于 Citespace 共被引网络聚类，福建省 2018—2022 年在农作物病虫害防控领域发表的791篇SCI论文共可形成37个聚类（图2.48），其中显著度最高的聚类有14个，分别为#0 ipm（有害生物综合管理）、#1 fecundity（生殖力）、#2 plant-microbe interactions（植物与微生物的相互作用）、#3 endophytic colonization（内生定殖）、#4 diaphorina citri（柑橘木虱）、#5 sustainable disease management（可持续疾病管理）、#6 ecosystem services（生态系统服务）、#7 plutella xylostella（小菜蛾）、#8 demography（人口学）、#9 parasitoids（拟寄生物）、#10 hemocyte behavior（血细胞行为）、#11 prokaryotes（原核生物）、#12 bemisia tabaci（烟粉虱）、#13 corn earworm（玉米穗虫）。以上为2018—2022年福建省在农作物病虫害防控领域主要布局的前沿主题。各前沿主题中的高被引文章信息如表2.21所示，表明这些文章是各前沿主题中需要重点关注的文章。

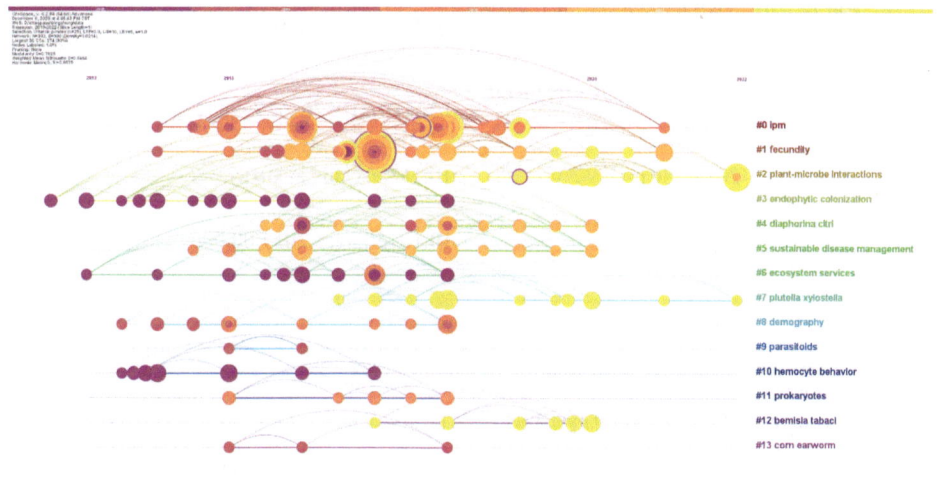

图2.48 福建省农作物病虫害防控领域SCI论文研究前沿

表2.21 农作物病虫害防控领域各前沿主题被引频次排名前十的论文

被引频次	引文信息	数字对象标识符（DOI）	集群ID
28	Gurr GM, 2017, ANNU REV ENTOMOL, V62, P91	10.1146/annurev-ento-031616-035050	1
17	Karp DS, 2018, P NATL ACAD SCI USA, V115, PE7863	10.1073/pnas.1800042115	0

（续）

被引频次	引文信息	数字对象标识符（DOI）	集群ID
16	Gurr GM, 2016, NAT PLANTS, V2, P0	10.1038/nplants.2016.14	0
13	Pretty J, 2018, NAT SUSTAIN, V1, P441	10.1038/s41893-018-0114-0	0
13	R Core Team, 2022, R FOUNDATION FOR STATISTICAL COMPUTING, V0, P0		2
10	Naranjo SE, 2015, ANNU REV ENTOMOL, V60, P621	10.1146/annurev-ento-010814-021005	0
8	Cai P, 2017, BIOL CONTROL, V108, P89	10.1016/j.biocontrol.2017.02.006	1
7	Barratt BIP, 2018, BIOCONTROL, V63, P155	10.1007/s10526-017-9831-y	0
7	Dainese M, 2019, SCI ADV, V5, P0	10.1126/sciadv.aax0121	0
7	Wycichuys KAG, 2017, AGR ECOSYST ENVIRON, V249, P38	10.1016/j.agee.2017.08.006	6

2.3.6 福建省农作物病虫害防控技术发展趋势小结

2018—2022 年，全国农作物病虫害防控领域共发表 SCI 论文 16 451 篇，CSCD 论文 10 397 篇；福建省发表 SCI 论文 791 篇，CSCD 论文 461 篇。SCI 和 CSCD 的全部作者和核心作者发文量均呈上升态势。

SCI 论文计量分析结果表明，福建农林大学、厦门大学和福建省农业科学院是福建省农作物病虫害防控领域 SCI 论文排名前三的机构，TOP 机构发文量总体呈现连续增长态势，其中福建农林大学各年度发文量有明显的优势。福建农林大学的害虫生态防控国际合作联合实验室，闽台作物有害生物生态防控国家重点实验室，国家甘蔗工程技术研究中心等重点实验室，以及植物保护学院、应用生态研究所是农作物病虫害防控领域 SCI 发文较为集中的团队。合作情况表明，福建农林大学与其他机构的合作发文最为紧密。

各省市在农作物病虫害防控领域的 SCI 学术生产力分析结果表明，北京市、江苏省、广东省分列SCI全部作者和核心作者发文量的前三，福建省全部作者发文排名第十，核心作者发文排名第七。从SCI论文增长率排名来看，四川省、山东省、江苏省论文增长率与核心论文增长率均排名前三。福建省论文增长率与核心论文增长率均排名第九。

各省市在农作物病虫害防控领域的SCI学术影响力分析结果表明，四川省、上海市、陕西省是该领域论文影响力较大的省市，福建省篇均被引排名第九。上海市、广东省、浙江省是该领域未被引论文占比最少的省市，这些省市发表的论文质量较好，科研成果的影响力更大，更多被他人参考和引用，福建省未被引论文占比排名第十。

CSCD论文计量分析结果表明，福建农林大学和福建省农业科学院是福建省农作物病虫害防控领域CSCD论文排名前两位的机构，TOP机构发文量总体呈现连续增长态势。福建农林大学的闽台作物有害生物生态防控国家重点实验室、生物防治研究所、国家林业局杉木工程技术研究中心、国家菌草工程技术研究中心、福建省土壤环境健康与调控重点实验室等是农作物病虫害防控领域CSCD发文较为集中的团队。合作情况看，福建农林大学与其他机构合作最为紧密。

各省市在农作物病虫害防控领域的学术生产力分析结果表明，北京市、江苏省和广东省分列CSCD全部作者和核心作者发文量的前三位，福建省全部作者发文排名第十，核心作者发文排名第九，核心发文占比排名第三。从CSCD论文增长率排名来看，福建省、江苏省、广东省论文增长率排名前三；河南省、江苏省、云南省的CSCD核心作者论文增长率排名前三。

各省市在农作物病虫害防控领域的CSCD学术影响力分析结果表明，北京市、广东省、湖北省是该领域国内论文影响力较大的省市，福建省篇均被引排名第十。北京市、浙江省、山东省是该领域未被引论文占比最少的省市，这些省市发表的论文质量较好，科研成果的影响力更大，更多被他人参考和引用，福建省未被引论文占比排名第十。

VOSviewer生成的聚类图和热力图表明，福建省农作物病虫害防控领域SCI论文的研究热点集中在6个主题。第一个主题聚焦于病虫害综合管理（management）以及不同因素对农作物病虫害防控的影响（impact）研究；第二个主题聚焦于昆虫抗性（resistance）以及相关基因表达（expression）的研究；第三个主题聚焦于农作物病虫害的生物防控（biological control）以及生物多样性（diversity）研究；第四个主题聚焦于植物生长（plant growth）

以及基因位点识别（identification）的研究；第五个主题聚焦于害虫综合治理（integrated pest management）和栖境管理（habitat management），包括天敌（natural enemies）、生态系统服务（ecosystem service）等相关研究；第六个主题规模较小，由疾病（disease）、进化（evolution）、马铃薯晚疫病（potato phytophthora infestans）的研究组成。生物防控（biological control），抗性（resistance），管理（management），多样性（diversity），识别（identification），生长（growth），表达（expression）、基因（gene），影响（impact）和生态系统服务（ecosystem service）等为该领域主要的研究热词。

Citespace 生成的研究前沿聚类图表明，福建省农作物病虫害防控领域 SCI 论文的研究前沿集中在 14 个主题。分别为 #0 ipm（有害生物综合管理）、#1 fecundity（生殖力）、#2 plant-microbe interactions（植物与微生物的相互作用）、#3 endophytic colonization（内生定殖）、#4 diaphorina citri（柑橘木虱）、#5 sustainable disease management（可持续疾病管理）、#6 ecosystem services（生态系统服务）、#7 plutella xylostella（小菜蛾）、#8 demography（人口学）、#9 parasitoids（拟寄生物）、#10 hemocyte behavior（血细胞行为）、#11 prokaryotes（原核生物）、#12 bemisia tabaci（烟粉虱）、#13 corn earworm（玉米穗虫）。

第三章 养殖业篇

3.1 福建省畜禽水产养殖技术发展趋势

3.1.1 总体发展与变化趋势

2018—2022年，全国畜禽水产养殖领域共发表SCI论文6 754篇，福建省发表SCI论文178篇。福建省畜禽水产养殖领域SCI论文发文趋势如图3.1所示，2018—2022年福建省的发文量整体呈增长态势，2019年出现小幅下降后持续增长。2022年福建省在畜禽水产养殖领域发表论文50篇，是2018年（27篇）的1.85倍。

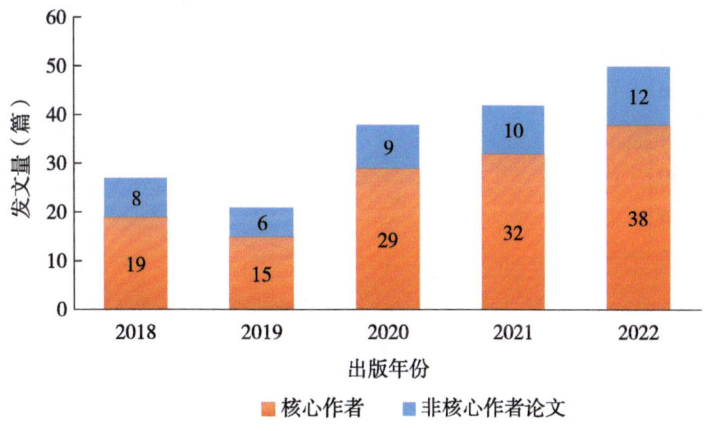

图3.1 福建省畜禽水产养殖领域SCI论文发文趋势

从表3.1所示的SCI论文的作者类型来看，福建省以核心作者发表的论文数量也在不断提升。2022年核心作者发文数量38篇，是2018年（19篇）的2倍。2022年福建省核心作者论文占比为76%，表明以福建省科研机构、高校、企业为主导的相关研究正在积极开展（注：SCI论文第一作者和通信作者为SCI发文的核心作者，下同）。

表 3.1　福建省畜禽水产养殖领域 SCI 论文作者类型（篇）

出版年份	SCI 发文总量	SCI 核心作者论文	SCI 非核心作者论文
2018	27	19	8
2019	21	15	6
2020	38	29	9
2021	42	32	10
2022	50	38	12

2018—2022 年，全国畜禽水产养殖领域共发表 CSCD 论文 4 967 篇，福建省发表 CSCD 论文 159 篇。如图 3.2 所示，福建省 CSCD 论文发文数量稳中有增，2022 年福建省在畜禽水产养殖领域发表 CSCD 论文 36 篇，是 2018 年（30 篇）的 1.16 倍，表明福建省对在国内高水平期刊上发表学术成果较为重视。

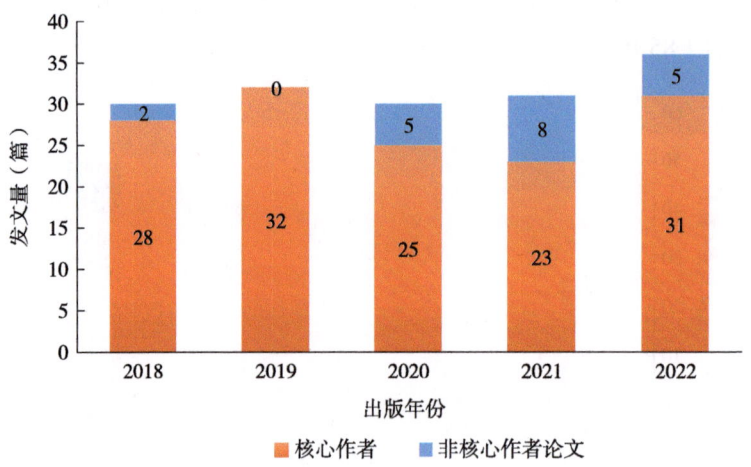

图 3.2　福建省畜禽水产养殖领域 CSCD 论文发文趋势

从表 3.2 CSCD 论文的作者类型来看，福建省以核心作者发表的论文数量有所波动，但大体保持在较高水平，与 SCI 论文相比，CSCD 论文的核心作者比例更高，2018 年、2019 年、2022 年的核心作者发文比例均在 85% 以上。2022 年核心作者发文数量 31 篇（注：CSCD 论文第一作者为 CSCD 发文的核心作者，下同）。

表 3.2 福建省畜禽水产养殖领域 CSCD 论文作者类型（篇）

出版年份	CSCD 发文总量	CSCD 核心作者论文	CSCD 非核心作者论文
2018	30	28	2
2019	32	32	0
2020	30	25	5
2021	31	23	8
2022	36	31	5

3.1.2 研究机构与核心团队

对福建省畜禽水产养殖领域的 SCI 论文和 CSCD 论文数据进行清洗，对主要研究机构与核心研究团队进行筛选和分析。

3.1.2.1 外文文献主要研究机构与核心团队

图 3.3 为 2018—2022 年福建省畜禽水产养殖领域 SCI 论文的主要发文机构，排名前三的分别是集美大学（64 篇）、厦门大学（40 篇）和福建农林大学（32 篇），其他机构的发文量均在 10 篇以下，其中，福建省农业科学院发表 SCI 论文 6 篇。

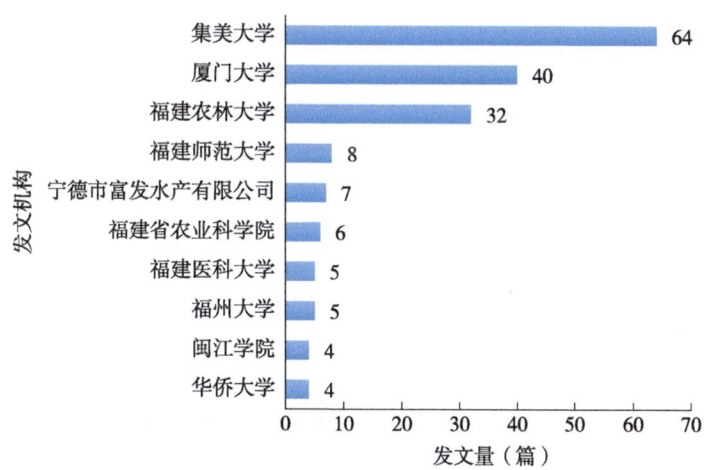

图 3.3 福建省畜禽水产养殖领域 SCI 论文主要发文机构

从图 3.4 所示的 SCI 论文主要发文机构的发文趋势来看，集美大学和福建农林大学的发文量总体呈现连续增长态势，2022 年均达到发文峰值，厦门大学的发文量有一定波动，2018 年、2020 年和 2022 年发文量较高。2022 年福建省在本领域有发文的主要机构包括集美大学、厦门大学、福建农林大学、宁德市富发水产有限公司、福建师范大学、福建省农业科学院、福州大学和闽江学院。

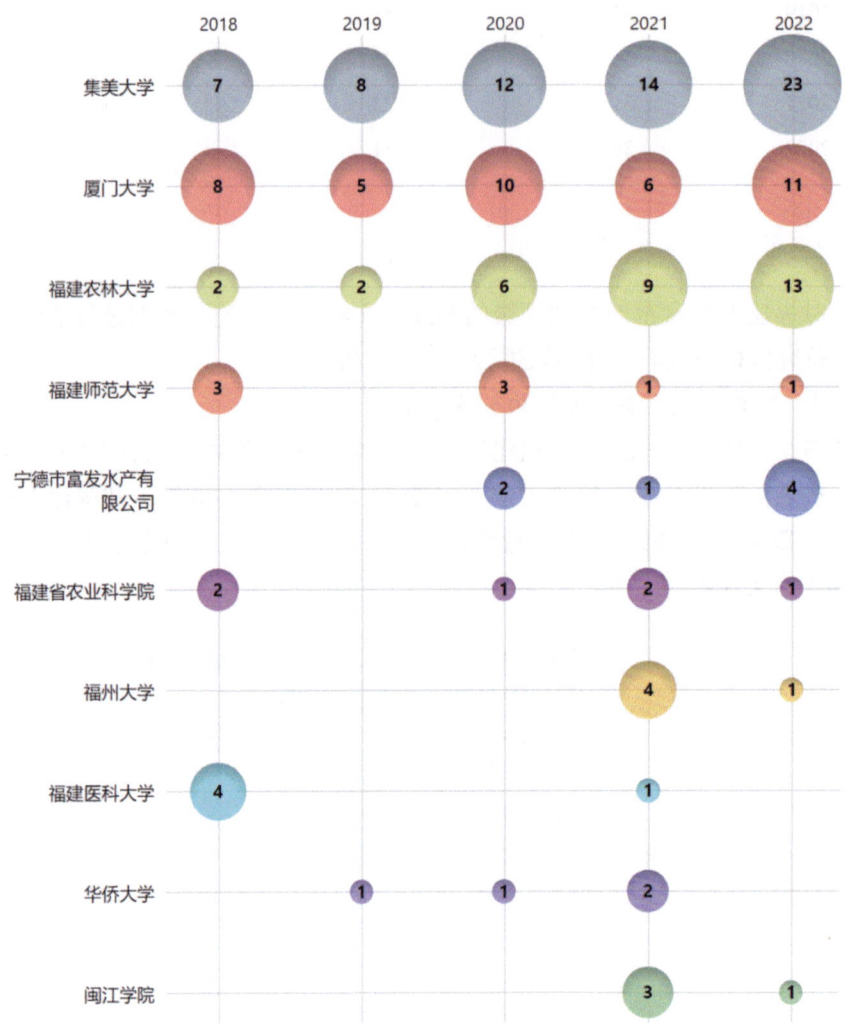

图 3.4　福建省畜禽水产养殖领域 SCI 论文主要发文机构发文趋势

对核心团队进行的分析显示，集美大学的发文主要集中在水产学院，其前身是厦门水产学院，系 1972 年上海水产学院南迁厦门而成立。该学院拥有水产科学与技术国家级实验教学示范中心、鳗鲡现代产业技术教育部工程研究中心、农业农村部东海海水健康养殖重点实验室、福建省海洋渔业资源与生态环境重点实验室、福建省水产生物育种与健康养殖工程研究中心等一批重点实验室,以及集美大学水域环境与渔业资源监测中心、集美大学海域使用论证中心、集美大学水产试验场和20多个校外产、学、研基地等一批学科平台。

厦门大学的海洋与地球学院、近海海洋环境科学国家重点实验室,福建农林大学的动物科学学院、生命科学学院,也都是本领域的主要发文团队。福建省农业科学院的发文来自农业质量标准与检测技术研究所、畜牧兽医研究所、农业生态研究所、农业生物资源研究所、生物技术研究所。

通过统计分析论文中全部作者的来源机构,绘制福建畜禽水产养殖领域主要机构的合作发文情况如图3.5所示。集美大学与其他机构的合作发文最为紧密,合作最多的机构及发文量为福建农林大学(7篇)、厦门大学(6篇),此外,还与福建农林大学、宁德市富发水产有限公司共同合作发文1篇。福建省农业科学院与厦门大学、福建师范大学分别合作发文1篇,福州大学和闽江学院合作发文1篇,福建医科大学和华侨大学与其他主要机构暂无合作发文。

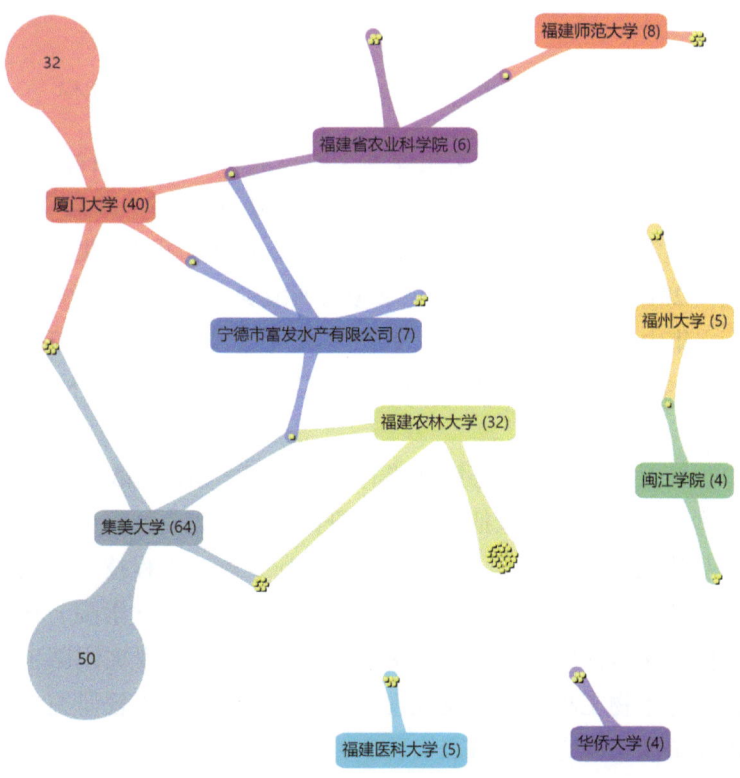

图3.5　福建省畜禽水产养殖领域SCI论文主要发文机构合作关系

3.1.2.2 中文文献主要研究机构与核心团队

图3.6为福建省畜禽水产养殖领域CSCD论文主要发文机构，CSCD论文的发文机构比较集中，排名第一的福建省农业科学院共发文57篇，远超其他机构，福建农林大学、集美大学、厦门大学的发文量也较高，均在10篇以上。

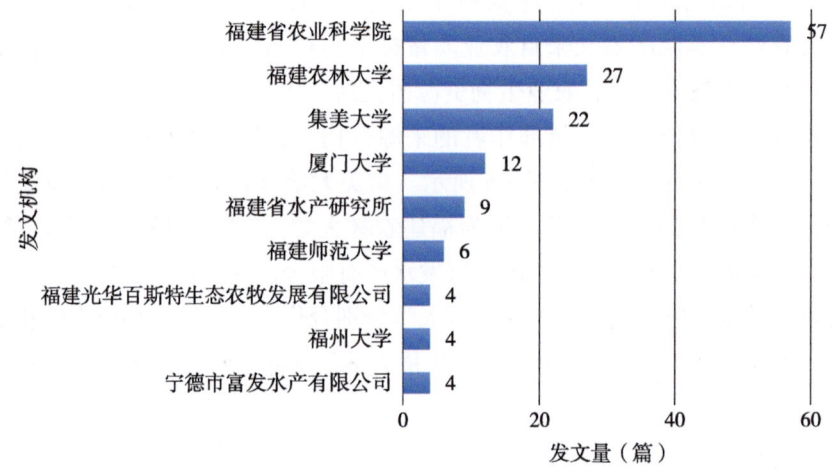

图3.6　福建省畜禽水产养殖领域CSCD论文主要发文机构

从图3.7所示的CSCD论文主要发文机构的发文趋势来看，福建省农业科学院的年度发文量持续保持在较高水平，以2019年（15篇）和2020年（14篇）最为突出。福建农林大学2022年发文量增长明显，集美大学的发文高峰出现在2019年，2020年至今发文量有所减少，福建省水产研究所为新兴机构，发文集中在2021—2022年。2022年发文量较高的机构包括福建农林大学（10篇）、福建省农业科学院（9篇）、福建省水产研究所（8篇）、集美大学（5篇）。

对CSCD论文发文的核心团队进行分析发现，福建省农业科学院多个研究所都有本领域的发文，包括畜牧兽医研究所、农业生物资源研究所、农业质量标准与检测技术研究所、数字农业研究所、农业工程技术研究所等。福建农林大学的核心发文团队包括动物科学学院、食品科学学院、林学院、植物保护学院、海洋研究院、生命科学学院。集美大学的发文团队主要有水产学院、食品与生物工程学院、鳗鲡现代产业技术教育部工程研究中心、福建省海洋渔业资源与生态环境重点实验室，多个依托集美大学的省级重点实验室发文热度也较高。厦门大学的发文主要来自海洋与地球学院、化学化工学院、环境与生态学院。

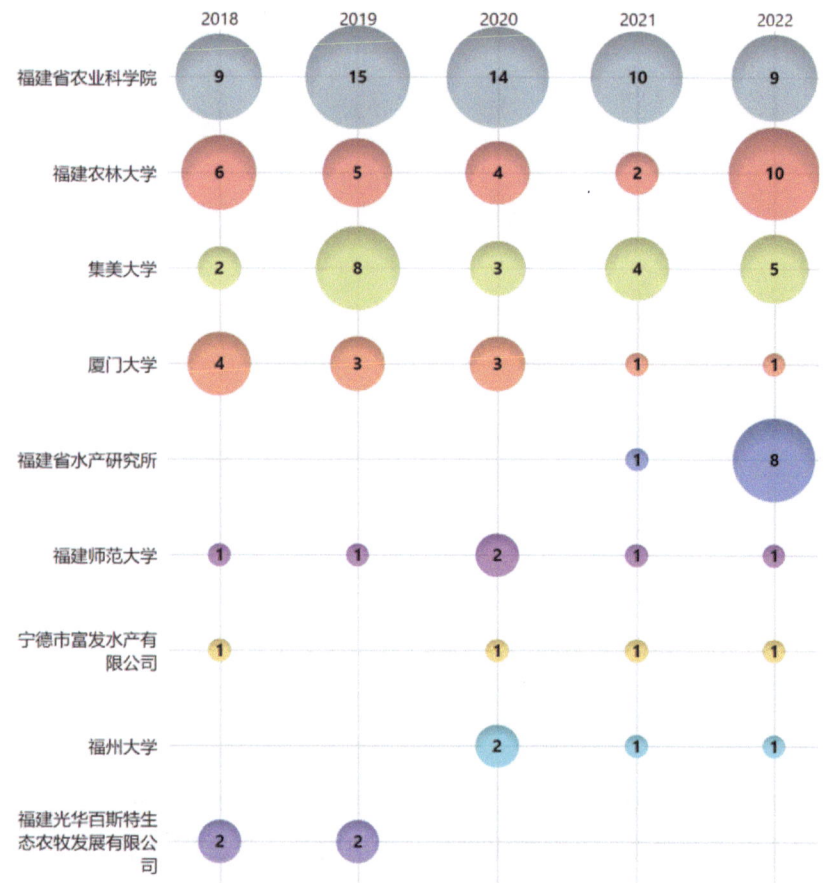

图 3.7　福建省畜禽水产养殖领域 CSCD 论文主要发文机构发文趋势

通过统计分析论文中全部作者的来源机构，绘制福建省畜禽水产养殖领域主要机构的合作发文情况如图 3.8 所示。福建省农业科学院与其他机构的合作发文最为紧密，合作最多的机构及发文量为福建农林大学（5 篇）、福建师范大学（4 篇）、福建光华百斯特生态农牧发展有限公司（3 篇），此外，还与福建师范大学、宁德市富发水产有限公司共同合作发文 1 篇。集美大学与福建省水产研究所合作发文 2 篇，与福建农林大学、厦门大学分别合作发文 1 篇。福州大学与其他主要机构暂无合作发文。

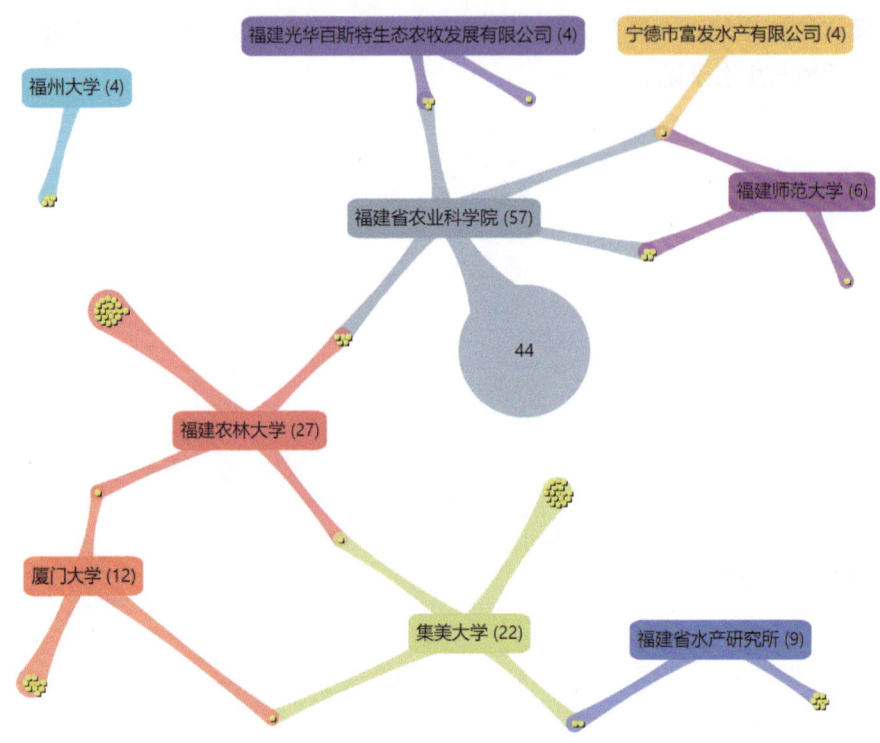

图3.8 福建省畜禽水产养殖领域CSCD论文主要发文机构合作情况

3.1.3 科研产出与地位表现

分别对全国畜禽水产养殖领域SCI、CSCD论文的来源省份进行清洗和排名，对论文产出数量、论文被引次数和被引次数区间进行对比，分析各省市在该学科的学术生产力和学术影响力。

3.1.3.1 各省市学术生产力分析

（1）外文文献学术生产力分析

全国畜禽水产养殖领域共发表SCI论文6 754篇，SCI论文的省市排名如图3.9所示。北京市SCI论文发文量最多，共1 433篇；广东省排名第二，发文955篇；江苏省排名第三，发文824篇；山东省排名第四，发文625篇；浙江省排名第五，发文534篇。TOP16省市共发文6 007篇，占全部发文的88.94%。福建省发文178篇，排名第十六。

从核心作者的发文情况来看，北京市（1 055篇）、广东省（731篇）、江苏省（682篇）依然是发文量排名前三的省市。核心作者论文占比排名前三的分别是湖南省（83.05%）、江苏省（82.77%）、黑龙江省（80.97%），福建省核心作者论文占比为78.65%，排名第六。

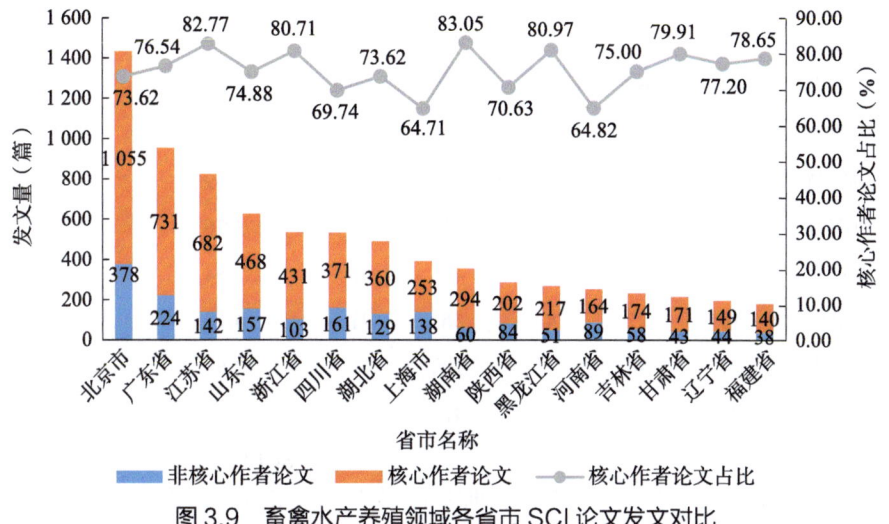

图3.9　畜禽水产养殖领域各省市SCI论文发文对比

表3.3对畜禽水产养殖领域主要省市SCI论文年度分布情况进行了统计。整体来看，TOP16省市在畜禽水产养殖领域发表的论文呈上升趋势，特别是2022年发文数量增长较快，表明该领域被各个省市共同关注。从SCI论文增长率排名来看，甘肃省、河南省、辽宁省论文增长率排名前三，河南省、甘肃省和吉林省核心论文增长率排名前三。福建省SCI论文增长率和核心论文增长率排名分别为第十三和第十四。

表3.3　畜禽水产养殖领域各省市SCI论文年度分布情况（篇，%）

省市名称	2018年	2019年	2020年	2021年	2022年	SCI论文增长率（2022/2018）	SCI论文增长率排名
北京市	200	258	255	303	417	2.09	8
广东省	129	149	213	208	256	1.98	10
江苏省	140	151	137	148	248	1.77	15
山东省	86	108	117	122	192	2.23	6
浙江省	85	93	93	112	151	1.78	14
四川省	71	91	111	115	144	2.03	9
湖北省	74	92	85	98	140	1.89	11

（续）

省市名称	2018年	2019年	2020年	2021年	2022年	SCI论文增长率（2022/2018）	SCI论文增长率排名
上海市	53	75	88	75	100	1.89	12
湖南省	37	66	69	92	90	2.43	5
陕西省	56	52	59	56	63	1.13	16
黑龙江省	34	39	66	58	71	2.09	7
河南省	24	42	42	50	95	3.96	2
吉林省	26	44	55	41	66	2.54	4
甘肃省	17	27	43	56	71	4.18	1
辽宁省	27	34	33	28	71	2.63	3
福建省	27	21	38	42	50	1.85	13

省市名称	2018年	2019年	2020年	2021年	2022年	SCI核心作者论文增长率（2022/2018）	SCI核心论文增长率排名
北京市	143	191	186	226	309	2.16	9
广东省	90	108	156	171	206	2.29	6
江苏省	113	124	108	120	217	1.92	12
山东省	62	82	90	90	144	2.32	5
浙江省	65	81	78	88	119	1.83	13
四川省	47	59	80	81	104	2.21	7
湖北省	57	67	59	78	99	1.74	15
上海市	34	48	58	47	66	1.94	11
湖南省	29	58	56	73	78	2.69	4
陕西省	39	41	44	35	43	1.10	16
黑龙江省	28	27	56	46	60	2.14	10
河南省	10	22	26	37	69	6.90	1
吉林省	17	34	41	30	52	3.06	3
甘肃省	12	18	35	49	57	4.75	2
辽宁省	23	27	27	22	50	2.17	8
福建省	22	15	31	32	40	1.82	14

（2）中文文献学术生产力分析

全国畜禽水产养殖领域共发表 CSCD 论文 4 967 篇，CSCD 论文的省市排名如图 3.10 所示。北京市的 CSCD 发文量也排名第一，共 915 篇，江苏省（542 篇）、广东省（479 篇）、山东省（454 篇）、上海市（412 篇）位列第二至第五。TOP17 省市共发文 4 143 篇，占全部发文的 83.41%。福建省发文 159 篇，排名第十七。

从核心作者的发文情况来看，北京市（782 篇）、江苏省（480 篇）、广东省（425 篇）依然是发文量排名前三的省市。从核心作者论文占比来看，山东省为 92.95%，上海市为 92.23%，甘肃省为 89.96%，是核心作者论文占比领先的省市。福建省核心作者的发文量为 20 篇，排名第十七。

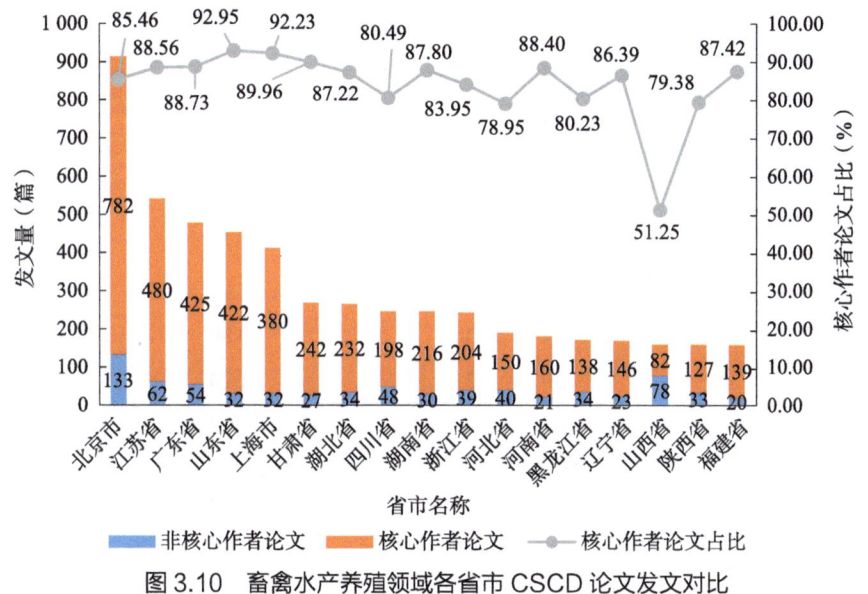

图 3.10 畜禽水产养殖领域各省市 CSCD 论文发文对比

表 3.4 对 TOP17 省市 CSCD 论文及核心作者论文年度分布情况进行了统计分析。整体来看，TOP17 省市中，大部分省市在畜禽水产养殖领域 CSCD 发文量呈稳中有增的态势，部分年份稍有波动。从 CSCD 论文增长率排名来看，湖北省、黑龙江省的论文增长率和核心作者论文增长率均排名前两位，福建省的 CSCD 论文增长率排名第八，CSCD 核心论文增长率排名第六。

表 3.4 畜禽水产养殖领域各省市 CSCD 论文年度分布情况（篇，%）

省市名称	2018年	2019年	2020年	2021年	2022年	CSCD 论文增长率（2022/2018）	CSCD 论文增长率排名
北京市	187	181	170	204	173	0.93	14
江苏省	110	101	106	118	107	0.97	13
广东省	85	96	91	88	119	1.40	6
山东省	87	98	87	93	89	1.02	12
上海市	70	87	81	95	79	1.13	10
甘肃省	52	38	56	69	54	1.04	11
湖北省	38	53	48	56	71	1.87	1
四川省	50	56	48	46	46	0.92	15
湖南省	44	46	45	59	52	1.18	9
浙江省	38	47	44	51	63	1.66	3
河北省	33	29	32	43	53	1.61	4
河南省	29	42	32	41	37	1.28	7
黑龙江省	27	27	30	42	46	1.70	2
辽宁省	29	26	36	37	41	1.41	5
山西省	33	19	35	43	30	0.91	16
陕西省	38	22	32	34	34	0.89	17
福建省	30	32	30	31	36	1.20	8
省市名称	2018年	2019年	2020年	2021年	2022年	CSCD 核心作者论文增长率（2022/2018）	CSCD 核心论文增长率排名
北京市	166	165	148	165	138	0.83	14
江苏省	104	99	103	89	85	0.82	16
广东省	78	91	87	74	95	1.22	4
山东省	81	95	80	81	85	1.05	9
上海市	68	85	78	83	66	0.97	11
甘肃省	46	37	53	60	46	1.00	10
湖北省	34	50	45	41	62	1.82	1
四川省	46	48	42	32	30	0.65	17
湖南省	43	44	44	45	40	0.93	12
浙江省	38	44	41	36	45	1.18	5

(续)

省市名称	2018年	2019年	2020年	2021年	2022年	CSCD核心作者论文增长率（2022/2018）	CSCD核心论文增长率排名
河北省	27	23	29	28	43	1.59	3
河南省	28	39	29	34	30	1.07	7
黑龙江省	22	22	22	34	38	1.73	2
辽宁省	28	24	34	30	30	1.07	7
山西省	15	12	18	24	13	0.87	13
陕西省	34	20	24	21	28	0.82	15
福建省	28	32	25	23	31	1.11	6

3.1.3.2 各省市学术影响力分析

（1）外文文献影响力分析

畜禽水产养殖领域中SCI发文TOP16省市的论文总体影响力如表3.5所示，包括被引频次、篇均被引频次、未被引论文占比及对应的排名。陕西省SCI论文的篇均被引频次为15.00，排名第一；福建省篇均被引频次13.80，排名第二；上海市篇均被引频次12.00，排名第三；以上省市是该领域论文影响力较大的省市。

从未被引论文数量和占比来看，陕西省发表的SCI论文中有6.64%未被引用，是未被引论文占比最少的省市，其次是福建省（9.55%）和上海市（10.23%），表明这些省市发表的论文质量较高，科研成果的影响力更大，更多被他人参考和引用。

表3.5 畜禽水产养殖领域各省市SCI论文总体影响力（篇，%）

省市名称	记录数量	被引频次	篇均被引频次	篇均被引频次排名	未被引论文数量	未被引论文占比	未被引论文占比排名
北京市	1 433	16 579	11.57	5	172	12.00	4
广东省	955	11 220	11.75	4	115	12.04	5
江苏省	824	7 961	9.66	10	121	14.68	13
山东省	625	6 136	9.82	9	85	13.60	10
浙江省	534	6 066	11.36	6	68	12.73	9
四川省	532	5 102	9.59	11	65	12.22	6

(续)

省市名称	记录数量	被引频次	篇均被引频次	篇均被引频次排名	未被引论文数量	未被引论文占比	未被引论文占比排名
湖北省	489	5 255	10.75	8	61	12.47	8
上海市	391	4 693	12.00	3	40	10.23	3
湖南省	354	3 376	9.54	12	61	17.23	14
陕西省	286	4 289	15.00	1	19	6.64	1
黑龙江省	268	2 892	10.79	7	33	12.31	7
河南省	253	1 801	7.12	15	45	17.79	16
吉林省	232	1 963	8.46	13	34	14.66	12
甘肃省	214	1 464	6.84	16	30	14.02	11
辽宁省	193	1 581	8.19	14	34	17.62	15
福建省	178	2 456	13.80	2	17	9.55	2

图 3.11 展示了发文 TOP16 各省市 SCI 论文的被引频次分布。可以看出，被引频次在 1～5、6～10 和大于 15 三个区间内的论文数量占比相差不大。北京市有 320 篇被引频次大于 15 的论文，广东省 206 篇，江苏省 168 篇。福建省被引频次在 1～5 次的论文 60 篇，在 6～15 次的论文 53 篇，大于 15 的论文 48 篇。

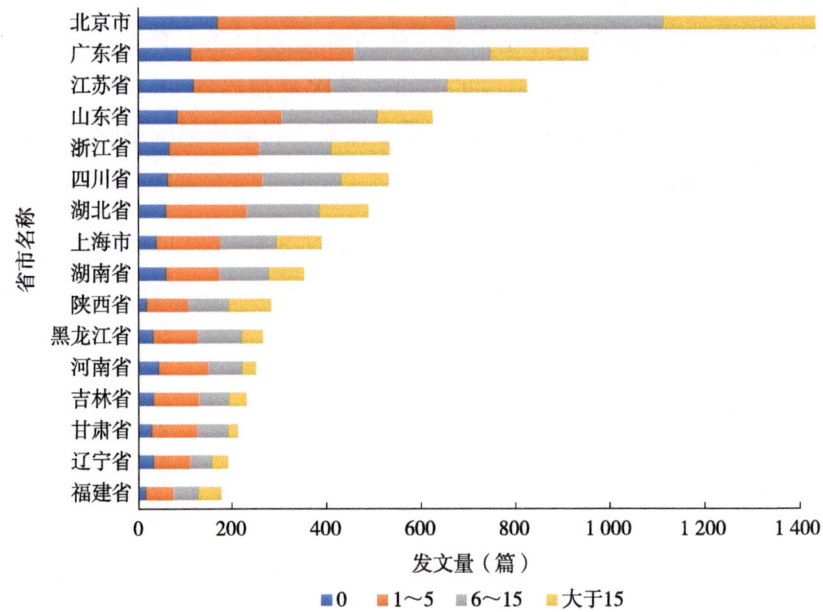

图 3.11 畜禽水产养殖领域各省市 SCI 论文被引频次分布

（2）中文文献影响力分析

畜禽水产养殖领域中CSCD发文TOP17省市的论文总体影响力如表3.6所示，包括被引频次、篇均被引频次、未被引论文占比及对应的排名。山西省CSCD论文的篇均被引频次为1.93，排名第一；甘肃省篇均被引频次1.84，排名第二；广东省篇均被引频次1.84，排名第三；以上省市是该领域国内论文影响力较大的省市。

从未被引论文数量和占比来看，湖南省发表的CSCD论文中有48.78%未被引用，是未被引论文占比最低的省市，其次是山西省（49.38%）和甘肃省（50.56%），表明这些省市发表的论文质量较好，科研成果的影响力更大，更多被他人参考和引用。

表3.6 畜禽水产养殖领域各省市CSCD论文总体影响力（篇，%）

省市名称	记录数量	被引频次	篇均被引频次	篇均被引频次排名	未被引论文数量	未被引论文占比	未被引论文占比排名
北京市	915	1 674	1.83	4	465	50.82	4
江苏省	542	940	1.73	7	287	52.95	7
广东省	479	880	1.84	3	253	52.82	6
山东省	454	741	1.63	8	242	53.30	8
上海市	412	751	1.82	5	223	54.13	9
甘肃省	269	496	1.84	2	136	50.56	3
湖北省	266	464	1.74	6	138	51.88	5
四川省	246	383	1.56	11	136	55.28	12
湖南省	246	384	1.56	10	120	48.78	1
浙江省	243	385	1.58	9	132	54.32	10
河北省	190	272	1.43	14	121	63.68	17
河南省	181	232	1.28	17	111	61.33	15
黑龙江省	172	245	1.42	15	95	55.23	11
辽宁省	169	260	1.54	13	100	59.17	14
山西省	160	309	1.93	1	79	49.38	2
陕西省	160	247	1.54	12	91	56.88	13
福建省	159	204	1.28	16	99	62.26	16

图3.12展示了发文TOP16省市CSCD论文的被引频次分布。可以看出，

被引论文的被引频次大多处于 1～5，其次是 6～10，被引频次大于 15 的论文数量较少。北京市和广东省各有 4 篇和 2 篇被引频次大于 15 的论文，河北省和江苏省各有 1 篇被引频次大于 15 的论文，其余省市 2018—2022 年发表的论文被引频次均小于 15。福建省被引频次在 1～5 次的论文 56 篇，在 6～10 次的 4 篇，大于 15 次的论文 0 篇。

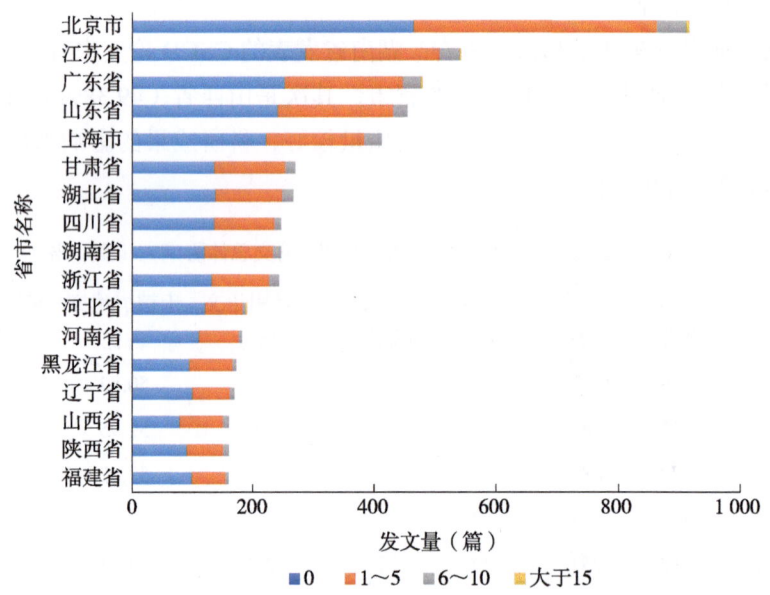

图 3.12 畜禽水产养殖领域各省市 CSCD 论文被引频次分布

3.1.4 研究热点与发展趋势

基于福建省畜禽水产养殖领域发表的 178 篇 SCI 论文的全部关键词（作者关键词与 Web of Science 数据库提取的关键词），利用 VOSviewer 软件对该领域 SCI 论文主题聚类和热点进行挖掘，生成聚类图和热力图，并将 TOP10 主题词的年度发展趋势进行展示。

福建省畜禽水产养殖领域 SCI 论文的研究热点集中在 4 个主题，如图 3.13 所示。第一个主题（红色聚类）聚焦鱼类生长和氧化应激相关研究，包括生长（growth）、鱼（fish）、添加量（supplementation）、大西洋三文鱼（atlantic salmon）、表达（expression）、氧化应激（oxidative stress）、蛋白质（protein）、点带石斑鱼（epinephelus coioides）、肝（liver）、代谢

(metabolism)等；第二个主题（绿色聚类）聚焦鱼虾的抗病性和免疫相关研究，包括抗病性（disease resistance）、鳟鱼（trout oncorhynchus-mykiss）、罗非鱼（tilapia）、先天免疫（innate immunity）、虾（shrimp）、虹鳟鱼（rainbow-trout）、肠道菌群（gut microbiota）、免疫力（immunity）、太平洋白虾（pacific white shrimp）、消化酶（digestive enzymes）、南美白对虾（litopenaeus-vannamei）、膳食补充剂（dietary supplementation）、非特异性免疫（nonspecific immunity）等；第三个主题（蓝色聚类）聚焦畜禽养殖的性能和基因表达研究，包括基因表达（gene expression）、性能（performance）、水产养殖（aquaculture）、益生菌（probiotics）、生存（survival）、鉴别（identification）、抗性（resistance）、多样性（diversity）等；第四个主题（黄色聚类）聚焦畜禽生长性能和饲料喂养相关研究，包括生长性能（growth performance）、身体构成（body-composition）、免疫反应（immune-responses）、饲料利用率（feed-utilization）、鱼粉（fish-meal）、肠道健康（gut health）、温度（temperature）等。

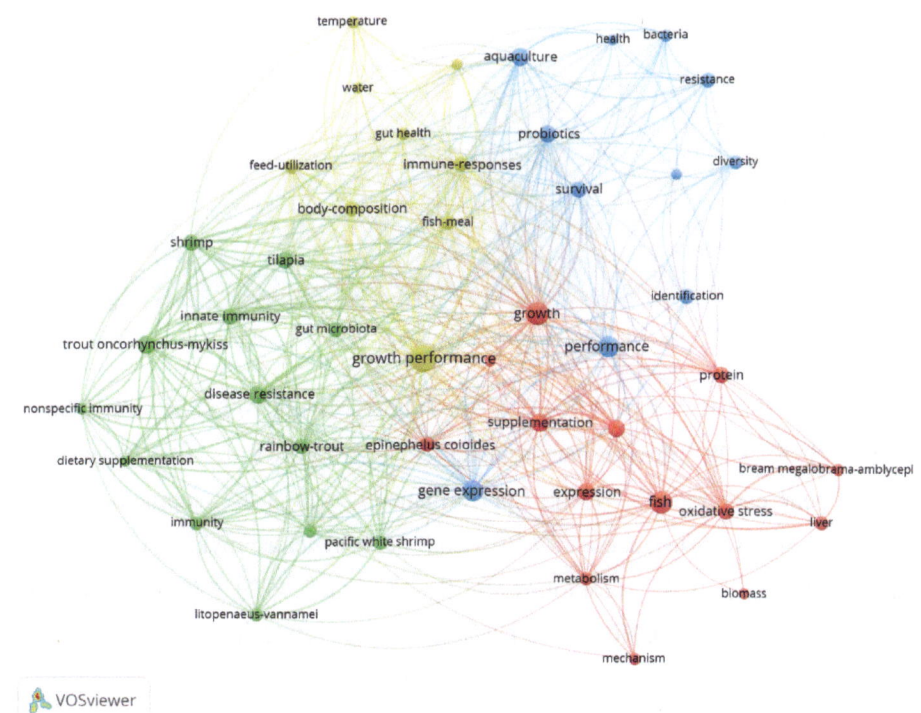

图 3.13 福建省畜禽水产养殖领域 SCI 论文主题聚类

图 3.14 为福建省畜禽水产养殖领域 SCI 论文的研究热点。可以看出，鱼（fish）、生长性能（growth performance）、基因表达（gene expression）、氧化应激（oxidative stress）、抗病性（disease resistance）、添加量（supplementation）等为该领域主要的研究热词。

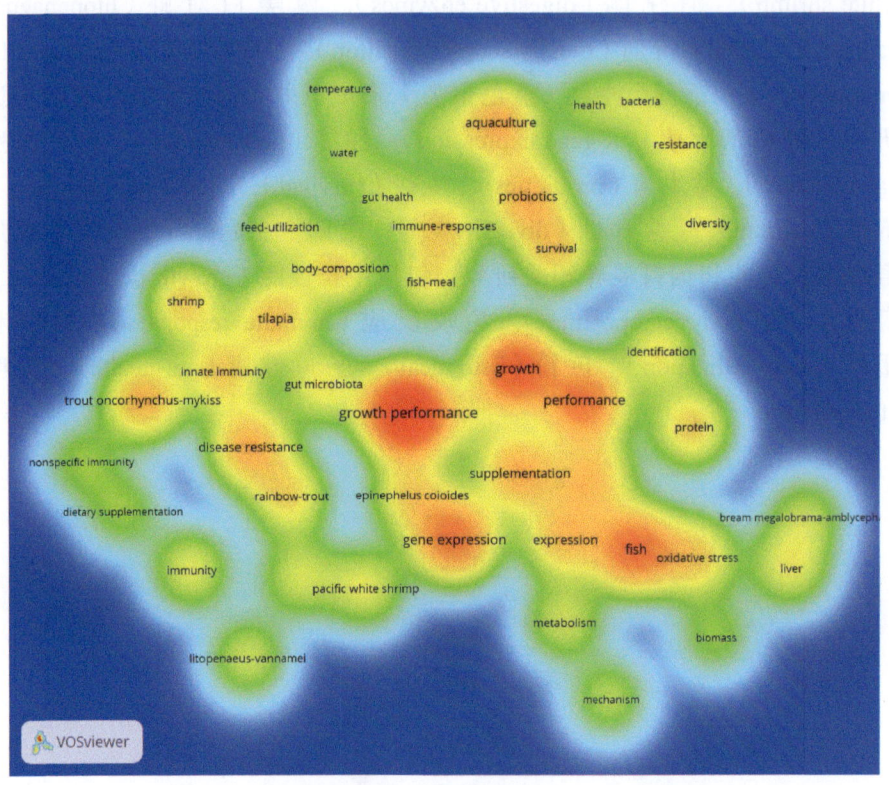

图 3.14　福建省畜禽水产养殖领域 SCI 论文研究热点

福建省畜禽水产养殖领域 SCI 论文 TOP 主题词的年度发展趋势如图 3.15 所示。生长性能（growth performance）、生长（growth）、鱼（fish）、基因表达（gene expression）、性能（performance）、添加量（supplementation）、抗病性（disease resistance）、鳟鱼（trout oncorhynchus-mykiss）、水产养殖（aquaculture）、益生菌（probiotics）是相关发文量较多的主题词。生长性能、基因表达、添加量、抗病性、水产养殖是 2020—2022 年发文增长较多的主题词。

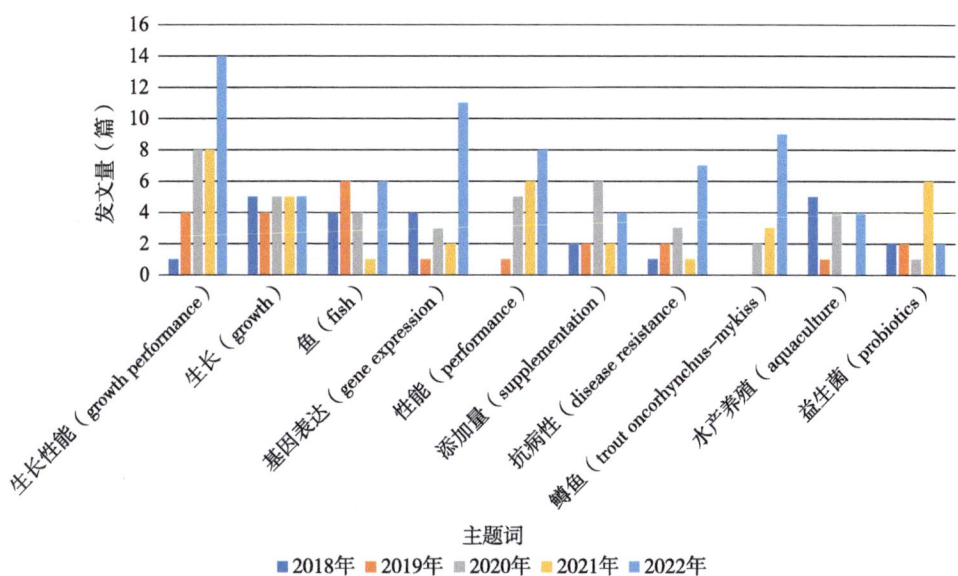

图 3.15 福建省畜禽水产养殖领域 SCI 论文 TOP 主题词发展趋势

3.1.5 前沿主题识别

基于 Citespace 共被引网络聚类，福建省 2018—2022 年在畜禽水产养殖领域发表的 178 篇 SCI 论文共可形成 30 个聚类（图 3.16），其中显著度最高的聚类有 13 个，分别为 #0 nitrogen and phosphorus budget（氮磷收支）、#1 chickens（鸡）、#2 endoplasmic reticulum stress（内质网应激）、#3 annual emissions（年排放量）、#4 high lipid diet（高脂饮食）、#5 synbiotic（合生素）、#6 neuropeptide（神经肽）、#7 systemic immunity（系统免疫）、#8 galactooligosaccharide（低聚半乳糖）、#9 lipid metabolism（脂质代谢）、#10 autochthonous probiotics（本地益生菌）、#11 clpv（clpV 基因）、#12 protein（蛋白质）。以上为 2018—2022 年福建省在畜禽水产养殖领域主要布局的前沿主题。各前沿主题中的高被引文章信息如表 3.7 所示，表明这些文章是各前沿主题中需要重点关注的文章。

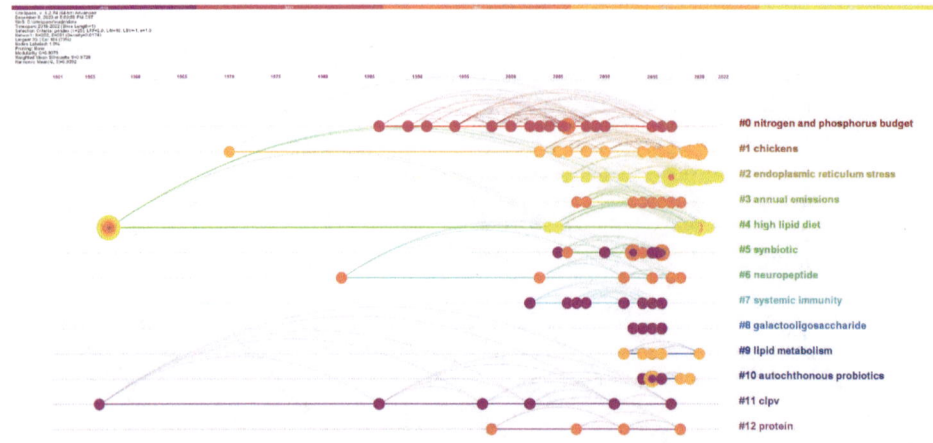

图 3.16 福建省畜禽水产养殖领域 SCI 论文研究前沿

表 3.7 畜禽水产养殖领域各前沿主题被引频次排名前十的论文

被引频次	引文信息	数字对象标识符（DOI）	集群ID
10	FOLCH J, 1957, J BIOL CHEM, V226, P497		4
10	Livak KJ, 2001, METHODS, V25, P402	10.1006/meth.2001.1262	36
8	Caporaso JG, 2010, NAT METHODS, V7, P335	10.1038/nmeth.f.303	17
8	Magoc T, 2011, BIOINFORMATICS, V27, P2957	10.1093/bioinformatics/btr507	17
8	Edgar RC, 2010, BIOINFORMATICS, V26, P2460	10.1093/bioinformatics/btq461	17
7	Zhang CX, 2018, AQUACULTURE, V483, P173	10.1016/j.aquaculture.2017.10.029	41
6	Lu KL, 2017, FISH PHYSIOL BIOCHEM, V43, P65	10.1007/s10695-016-0268-5	2
6	BRADFORD MM, 1976, ANAL BIOCHEM, V72, P248	10.1016/0003-2697（76）90527-3	79
5	Feng HM, 2020, AQUACULTURE, V518, P0	10.1016/j.aquaculture.2019.734869	4
5	Cao XF, 2019, BBA-MOL CELL BIOL L, V1864, P213	10.1016/j.bbalip.2018.12.005	2

3.1.6 福建省畜禽水产养殖技术发展趋势小结

2018—2022 年，全国畜禽水产养殖领域共发表 SCI 论文 6 754 篇，CSCD 论文 4 967 篇；福建省发表 SCI 论文 178 篇，CSCD 论文 159 篇。SCI 和 CSCD 的全部作者和核心作者发文量均呈上升态势。

SCI 论文计量分析结果表明，集美大学、厦门大学和福建农林大学是福建省畜禽水产养殖领域 SCI 论文排名前三的机构，TOP 机构发文量总体呈现连续增长态势，其中集美大学各年度发文量有明显的优势。集美大学的水产学院，厦门大学的海洋与地球学院、近海海洋环境科学国家重点实验室，福建农林大学的动物科学学院、生命科学学院是畜禽水产养殖领域 SCI 发文较为集中的团队。合作情况表明，集美大学与其他机构的合作发文最为紧密。

各省市在畜禽水产养殖领域的 SCI 学术生产力分析结果表明，北京市、广东省、江苏省分列 SCI 全部作者和核心作者发文量的前三，福建省全部作者发文排名第十六，核心作者发文排名第六。从 SCI 论文增长率排名来看，甘肃省、河南省、辽宁省论文增长率排名前三，河南省、吉林省和甘肃省核心论文增长率排名前三。福建省 SCI 论文增长率和核心论文增长率排名分别为第十三和第十四。

各省市在畜禽水产养殖领域的 SCI 学术影响力分析结果表明，陕西省、福建省、上海市是该领域论文影响力较大的省市，以上省市同时也是该领域未被引论文占比最少的省市，表明这些省市发表的论文质量较好，科研成果的影响力更大，更多被他人参考和引用。

CSCD 论文计量分析结果表明，福建省农业科学院、福建农林大学和集美大学是福建省畜禽水产养殖领域 CSCD 论文排名前三的机构，TOP 机构发文量总体呈现连续增长态势。福建农林大学的动物科学学院、食品科学学院、林学院、植物保护学院、海洋研究院、生命科学学院；集美大学的水产学院、食品与生物工程学院、鳗鲡现代产业技术教育部工程研究中心、福建省海洋渔业资源与生态环境重点实验室；厦门大学的海洋与地球学院、化学化工学院、环境与生态学院等是畜禽水产养殖领域 CSCD 发文较为集中的团队。合作情况看，福建省农业科学院与其他机构合作最为紧密。

各省市在畜禽水产养殖领域的学术生产力分析结果表明，北京市、江苏省和广东省分列 CSCD 全部作者和核心作者发文量的前三，福建省全部作者和核心作者发文排名均为第十七，核心发文占比排名第九。从 CSCD 论文增长率排名来看，湖北省、黑龙江省的论文增长率和核心作者论文增长率均排名前两位，福建省的 CSCD 论文增长率排名第八，CSCD 核心论文增长率排名第六。

各省市在畜禽水产养殖领域的 CSCD 学术影响力分析结果表明，山西省、甘肃省、广东省是该领域国内论文影响力较大的省市，福建省篇均被引排名第十六。湖南省、山西省、甘肃省是该领域未被引论文占比最少的省市，这些省市发表的论文质量较好，科研成果的影响力更大，更多被他人参考和引用，福建省未被引论文占比排名第十六。

Citespace 生成的研究前沿聚类图表明，福建省畜禽水产养殖领域 SCI 论文的研究前沿集中在 13 个主题。分别为 #0 nitrogen and phosphorus budget（氮磷收支）、#1 chickens（鸡）、#2 endoplasmic reticulum stress（内质网应激）、#3 annual emissions（年排放量）、#4 high lipid diet（高脂饮食）、#5 synbiotic（合生素）、#6 neuropeptide（神经肽）、#7 systemic immunity（系统免疫）、#8 galactooligosaccharide（低聚半乳糖）、#9 lipid metabolism（脂质代谢）、#10 autochthonous probiotics（本地益生菌）、#11 clpv（clpV 基因）、#12 protein（蛋白质）。

3.2 福建省动物疫病防控技术发展趋势小结

3.2.1 总体发展与变化趋势

2018—2022 年，全国动物疫病防控领域共发表 SCI 论文 4 933 篇，福建省发表 SCI 论文 93 篇。如图 3.17 所示，福建省除 2018 年的发文数量较少为个位数外，2019 年开始，发文数量大幅提升，2019—2022 年发文数量连续稳定在 20 篇及以上；2020 年与 2022 年福建省在动物疫病防控领域发表论文均为 22 篇。

从 SCI 论文的作者类型来看，福建省以核心作者发表的论文数量以 2019 年核心作者发文数量占比最高，为 90%，2022 年核心作者发文数量 16 篇，略低于 2019 年（18 篇）。如表 3.8 所示（注：SCI 论文第一作者和通信作者为 SCI 发文的核心作者，下同）。

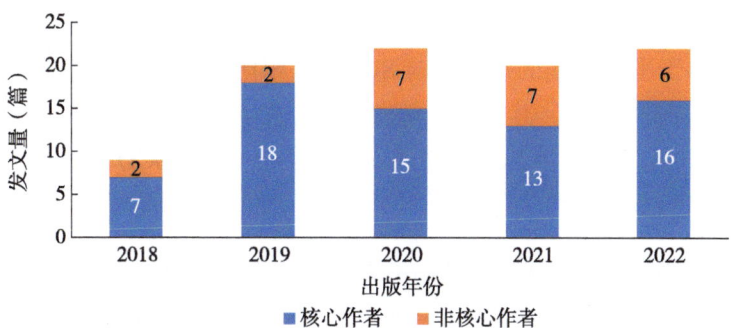

图 3.17　福建省动物疫病防控领域 SCI 论文发文趋势

表 3.8　福建省动物疫病防控领域 SCI 论文作者类型（篇）

出版年份	SCI 发文总量	SCI 核心作者论文	SCI 非核心作者论文
2018	9	7	2
2019	20	18	2
2020	22	15	7
2021	20	13	7
2022	22	16	6

2018—2022 年，全国动物疫病防控领域共发表 CSCD 论文 2 100 篇，福建省发表 CSCD 论文 88 篇。如图 3.18 所示，福建省 CSCD 论文发文数量在 2018—2019 年处于平稳发展的态势，表明福建省对在国内高水平期刊发表学术成果较为重视；2020 年大体因为疫情的原因，影响了研究进程与成果发布，发文量骤降；2021—2022 年，发文量恢复到 20 篇/年，发展较平稳。

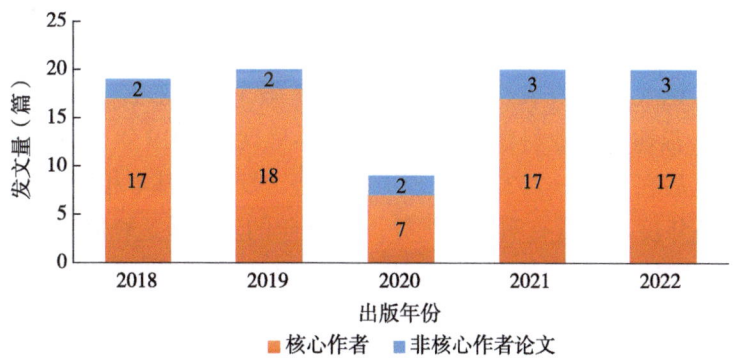

图 3.18　福建省动物疫病防控领域 CSCD 论文发文趋势

从 CSCD 论文的作者类型（表 3.9）来看，福建省以核心作者发表的论文数量也处于平稳发展的态势，与 SCI 论文相比，CSCD 论文的核心作者比例更高，除 2020 年外，其余 4 个年份的核心作者比例均在 85% 以上（其中，2019 年为 90%，与当年 SCI 发文占比持平）（注：CSCD 论文第一作者为 CSCD 发文的核心作者，下同）。

表 3.9　福建省动物疫病防控领域 CSCD 论文作者类型（篇）

出版年份	CSCD 发文总量	CSCD 核心作者论文	CSCD 非核心作者论文
2018	19	17	2
2019	20	18	2
2020	9	7	2
2021	20	17	3
2022	20	17	3

3.2.2　研究机构与核心团队

对福建省动物疫病防控领域的 SCI 论文和 CSCD 论文数据进行清洗，对主要研究机构与核心研究团队进行筛选和对比。

3.2.2.1　外文文献主要研究机构与核心团队

图 3.19 为福建省动物疫病防控领域 SCI 论文的 TOP8 发文机构。福建农林大学（26 篇）发文量位居首位，比排名第二的厦门大学（19 篇）多 36%，是排名第四的龙岩学院（10 篇）发文量的近 2.5 倍；福建省农业科学院（16 篇）、福建医科大学（8 篇）、福建省动物疫病预防控制中心（6 篇）、福建师范大学与闽江大学（各 3 篇），在该领域也都有一定数量的发文，其余机构发文量均在 3 篇以下。

从 SCI 论文主要发文机构的发文趋势（图 3.20）来看，福建农林大学、厦门大学、福建省农业科学院的发文量总体呈现为 2019 年为 2018 年的倍数增长，且其后在 2019—2022 年呈现平稳态势，发文量基本相同。其中，福建农林大学各年度发文量有明显的优势，2022 年的发文量达峰值为 7 篇。

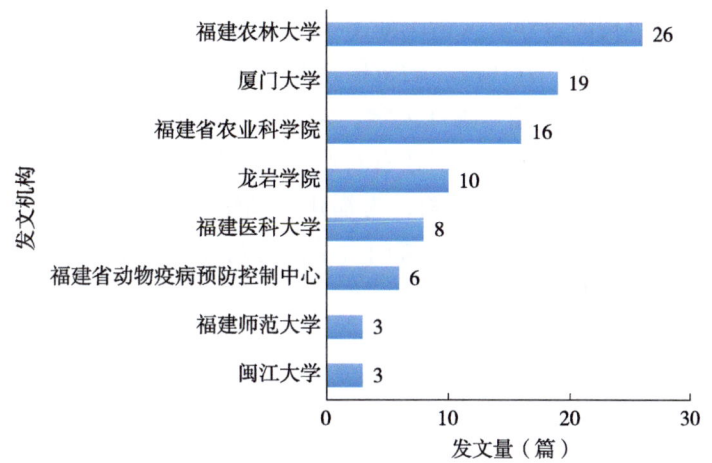

图 3.19　福建省动物疫病防控领域 SCI 论文主要发文机构

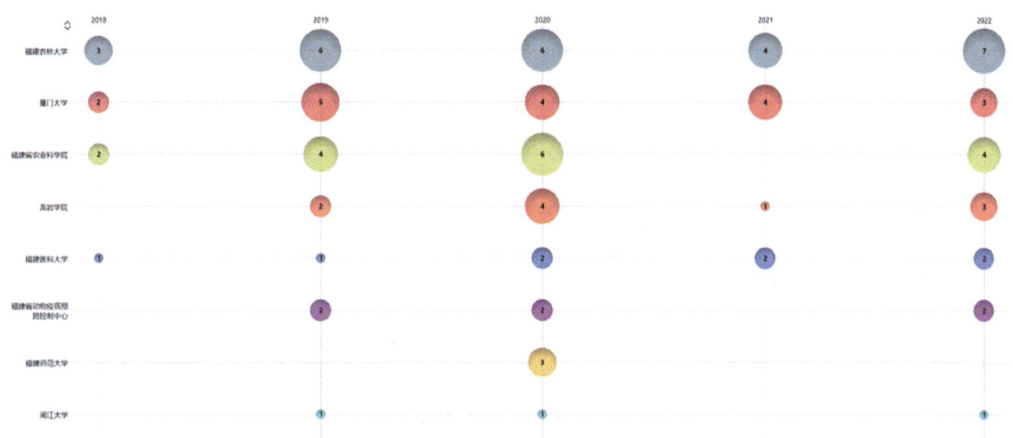

图 3.20　福建省动物疫病防控领域 SCI 论文主要发文机构发文趋势

对 SCI 论文发文的核心团队进行的分析显示,福建农林大学的闽台动物病原生物学福建省高校重点实验室是动物疫病防控领域发文较为集中的团队,这个团队和福建省畜禽病原感染与免疫学重点实验室及"一带一路"联合共建实验室(研发中心)畜禽重大疫病防控平台,以推进预防兽医学的教学与科研,解决福建地区与合作地区有害生物防控的问题。厦门大学的近海海洋环境科学国家重点实验室团队、福建省农业科学院畜牧兽医研究所、生物技术研究所相关发文也较多。

通过统计分析论文中全部作者的来源机构,绘制了福建省畜禽动物疫病防控领域主要机构的合作发文情况如图 3.21 所示。福建农林大学与其他机构的合作发文最为紧密，合作最多的机构及发文量为龙岩学院（4 篇）、福建医科大学（2 篇），此外，还与闽江大学、龙岩学院共同合作发文 1 篇；与福建省农业科学院合作发文 1 篇。福建省农业科学院与福建省动物疫病预防控制中心合作紧密，合作发文达 6 篇，为福建省动物疫病预防控制中心 2018—2022 年间的 SCI 全部发文总和。厦门大学仅与龙岩学院合作发文 1 篇，与其他主要机构暂无合作发文。

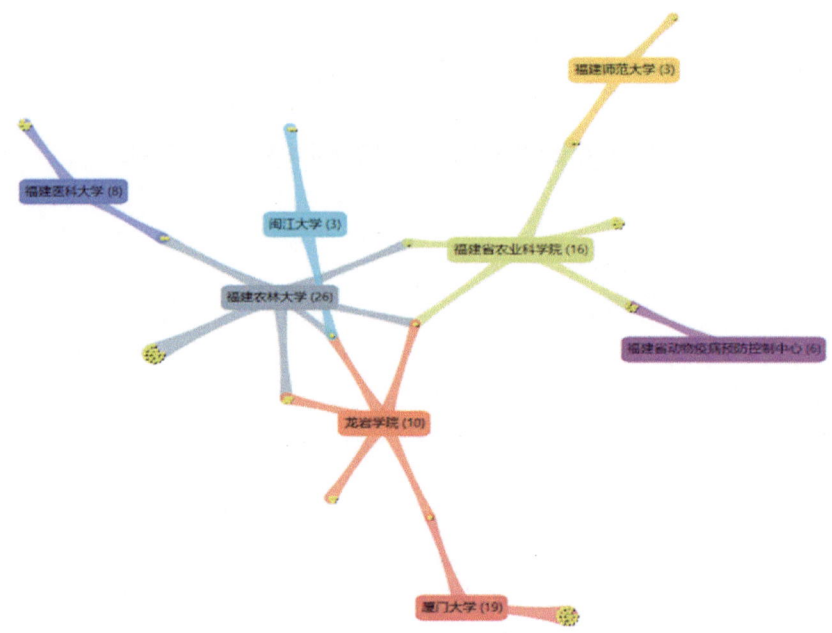

图 3.21　福建省动物疫病防控领域 SCI 论文主要发文机构合作关系

3.2.2.2　中文文献主要研究机构与核心团队

图 3.22 为福建省动物疫病防控领域 CSCD 论文的 TOP10 发文机构。CSCD 论文的发文机构比较集中，基本是福建省农业科学院（27 篇）、福建农林大学（22 篇）和龙岩学院（16 篇）。如图 3.23 所示，福建省农业科学院 2021、2022 年发文量均达到高峰（8 篇），而福建农林大学则是 2019 年发文最多（6 篇）。

第三章 养殖业篇

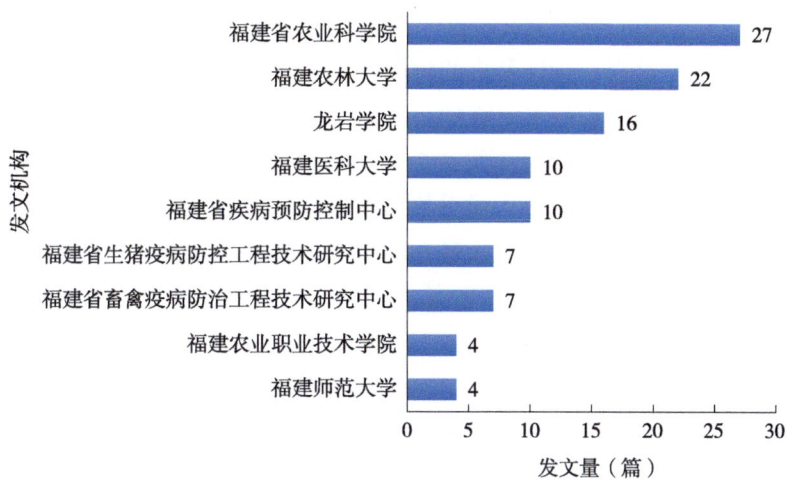

图 3.22 福建省动物疫病防控领域 CSCD 论文主要发文机构

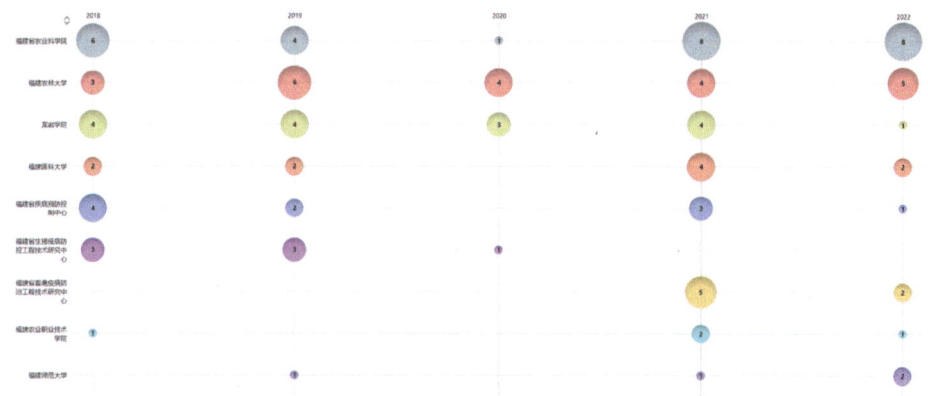

图 3.23 福建省动物疫病防控领域 CSCD 论文主要发文机构发文趋势

对 CSCD 论文发文的核心团队进行分析发现。福建畜禽疫病防治工程技术研究中心（依托于福建省农业科学院畜牧兽医研究所）比较注重在国内高水平期刊上发表研究成果，福建农林大学动物科学学院、龙岩学院生命科学学院的福建省家畜传染病防治与生物技术重点实验室等团队也发表了一定数量的论文。福建省疾病预防控制中心的福建省人兽共患病研究重点实验室、中国水产科学研究院的海洋渔业科学与食物产出功能实验室均开展了相关研究并产出成果。其中，福建省农业科学院畜牧兽医研究所等是核心的发文团队。

通过统计分析论文中全部作者的来源机构，绘制了福建省畜禽动物疫病

89

防控领域主要机构的合作发文情况（图3.24）。福建省农业科学院与其他机构的合作发文最为紧密，合作最多的机构及发文量为福建农林大学（6篇）、福建省畜禽疫病防治工程技术研究中心（4篇），此外，还与福建师范大学、福建农业职业技术学院共同合作发文2篇。福建省生猪疫病防控工程技术研究中心与龙岩学院、福建师范大学分别合作发文4篇和3篇，构成了一个相对紧密的合作研究群体；而福建疾病预防控制中心仅与福建医科大学合作发文5篇，与其他主要机构暂无合作发文。

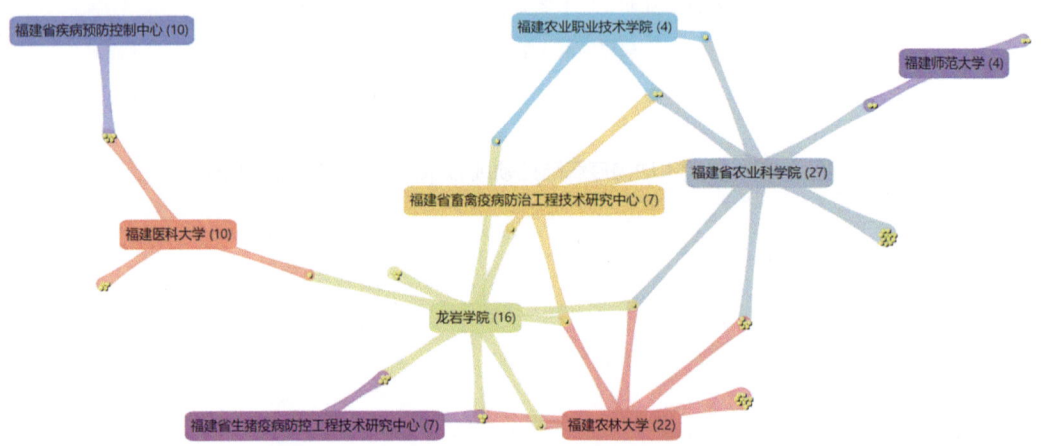

图3.24 福建省动物疫病防控领域CSCD论文主要发文机构合作关系

3.2.3 科研产出与地位表现

通过分别对全国动物疫病防控领域SCI、CSCD论文的来源省份进行清洗和排名，对论文产出数量、论文被引次数和被引次数区间进行对比，分析了各省市在该学科的学术生产力和学术影响力。

3.2.3.1 各省市学术生产力分析

（1）外文文献学术生产力分析

全国动物疫病防控领域在2018—2022年共发表SCI论文4 933篇，SCI论文的省市排名如图3.25所示。其中，江苏省SCI论文发文量最多，共890篇；北京市排名第二，发文818篇；广东省排名第三，发文630篇；山东省排名第四，发文469篇；黑龙江省排名第五，发文446篇。TOP18省市共发文4 618篇，占全部发文的93.61%。福建省发文94篇，排名第十八。

从核心作者的发文情况来看，江苏省（674篇）、北京市（630篇）、广东省（474 篇）依然是发文量排名前三的省市。黑龙江省核心作者论文占比为 88.79%、甘肃省为 85.31%、湖北省为 82.67%，是核心作者论文占比 TOP3 省市。福建省核心作者论文占比为 74.47%，排名第十。

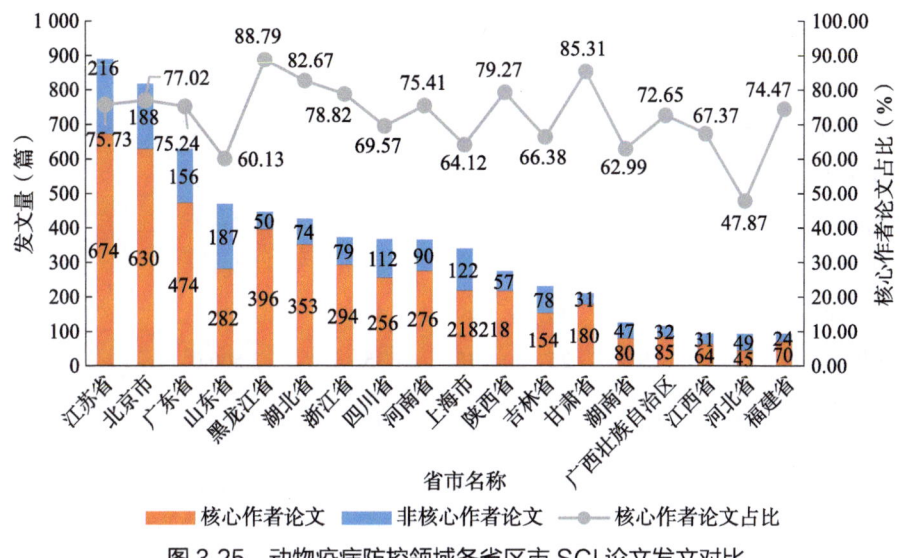

图 3.25 动物疫病防控领域各省区市 SCI 论文发文对比

表 3.10 对 TOP18 省区市 SCI 论文及核心作者论文年度分布情况进行了统计分析。整体来看，江苏省、北京市、广东省在动物疫病防控领域发表的论文呈上升趋势，2018—2022 年，发文数量增长平稳快速。从 SCI 论文增长率排名来看，江西省、广西壮族自治区、湖南省论文增长率排名前三，江西省、河北省、广西壮族自治区核心论文增长率排名前三。福建省论文增长率排名第四，核心论文增长率排名第七。

表 3.10 动物疫病防控领域各省区市 SCI 论文年度分布情况（篇，%）

省区市名称	2018 年	2019 年	2020 年	2021 年	2022 年	SCI 论文增长率（2022 年/2018 年）	SCI 论文增长率排名
江苏省	132	166	179	183	211	1.598 5	14
北京市	132	141	166	174	191	1.447 0	16
广东省	85	119	122	131	164	1.929 4	8
山东省	67	88	101	76	130	1.940 3	7
黑龙江省	52	75	101	84	127	2.442 3	5

（续）

省区市名称	2018年	2019年	2020年	2021年	2022年	SCI论文增长率（2022年/2018年）	SCI论文增长率排名
湖北省	62	63	79	96	119	1.919 4	10
浙江省	52	71	80	74	90	1.730 8	13
四川省	76	59	80	54	92	1.210 5	18
河南省	53	57	73	71	102	1.924 5	9
上海市	46	57	73	69	84	1.826 1	11
陕西省	42	52	46	60	73	1.738 1	12
吉林省	36	42	41	61	49	1.361 1	17
甘肃省	31	40	40	49	47	1.516 1	15
湖南省	10	15	25	38	35	3.500 0	3
广西壮族自治区	10	18	21	26	40	4.000 0	2
江西省	4	16	19	19	36	9.000 0	1
河北省	13	11	14	24	30	2.307 7	6
福建省	9	20	22	20	22	2.444 4	4

省区市名称	2018年	2019年	2020年	2021年	2022年	SCI核心作者论文增长率（2022年/2018年）	SCI核心论文增长率排名
江苏省	96	123	128	146	165	1.718 8	13
北京市	102	115	118	131	154	1.509 8	16
广东省	70	94	92	89	126	1.800 0	11
山东省	42	58	58	47	74	1.761 9	12
黑龙江省	42	64	91	69	123	2.928 6	5
湖北省	51	49	61	82	103	2.019 6	9
浙江省	37	50	63	64	75	2.027 0	8
四川省	49	35	53	39	74	1.510 2	15
河南省	37	38	55	56	82	2.216 2	6
上海市	34	39	51	43	46	1.352 9	17
陕西省	31	45	35	49	56	1.806 5	10
吉林省	26	33	30	35	28	1.076 9	18

(续)

省区市名称	2018年	2019年	2020年	2021年	2022年	SCI核心作者论文增长率（2022年/2018年）	SCI核心论文增长率排名
甘肃省	24	33	35	44	40	1.666 7	14
湖南省	6	10	17	23	21	3.500 0	4
广西壮族自治区	8	12	14	19	31	3.875 0	3
江西省	2	8	12	14	16	8.000 0	1
河北省	6	4	4	16	27	4.500 0	2
福建省	7	18	15	13	15	2.142 9	7

（2）中文文献学术生产力分析

全国动物疫病防控领域共发表CSCD论文2 100篇，CSCD论文的省市排名如图3.26所示。江苏省、北京市的CSCD论文发文量位列前两名，分别为268篇和254篇，黑龙江省（194篇）、广东省（170篇）、河南省（154篇）位列发文量的第三至五。TOP10省市共发文1 417篇，占全部发文的67.47%。福建省发文88篇，排名第十。

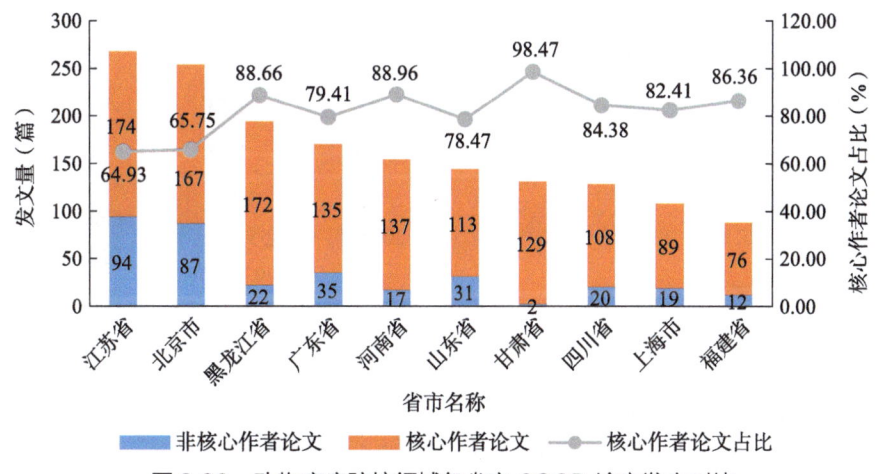

图3.26 动物疫病防控领域各省市CSCD论文发文对比

从核心作者的发文情况来看，江苏省（174篇）、黑龙江省（172篇）、北京市（167篇）是发文量排名前三的省市。甘肃省核心作者论文占比为

98.47%、河南省为 88.96%、黑龙江省为 88.66%、福建省为 86.36%、四川省为 84.38%，是核心作者论文占比 TOP5 省市。

表 3.11 对 TOP10 省市 CSCD 论文及核心作者论文年度分布情况进行了统计分析。整体来看，TOP10 省市中有 6 个省市在动物疫病防控领域 CSCD 发文呈平缓发展趋势，余下 4 个省市的发文数量则表现为缓慢下降。从 CSCD 论文增长率排名来看，甘肃省、上海市、北京市论文增长率排名前三；河北省、北京市、上海市核心作者论文增长率排名前三。福建省论文增长率与核心论文增长率均排名第五。

表 3.11 动物疫病防控领域各省市 CSCD 论文年度分布情况（篇，%）

省市名称	2018年	2019年	2020年	2021年	2022年	CSCD论文增长率（2022/2018）	CSCD论文增长率排名
江苏省	60	69	58	48	33	0.55	10
北京市	50	46	42	56	60	1.20	3
黑龙江省	38	40	39	39	38	1.00	6
广东省	39	31	29	42	29	0.74	7
河南省	37	31	35	29	22	0.59	9
山东省	38	40	24	15	27	0.71	8
甘肃省	19	23	26	33	30	1.58	1
四川省	23	27	17	36	25	1.09	4
上海市	15	23	18	29	23	1.53	2
福建省	19	20	9	20	20	1.05	5

省市名称	2018年	2019年	2020年	2021年	2022年	CSCD核心作者论文增长率（2022/2018）	CSCD核心论文增长率排名
江苏省	42	49	28	31	24	0.57	10
黑龙江省	34	34	34	37	33	0.97	6
北京市	27	29	18	45	48	1.78	2
河南省	33	29	31	26	18	0.55	11
广东省	35	26	20	35	19	0.54	12
甘肃省	22	25	25	29	28	1.27	4
山东省	33	31	16	11	22	0.67	8

(续)

省市名称	2018年	2019年	2020年	2021年	2022年	CSCD核心作者论文增长率（2022/2018）	CSCD核心论文增长率排名
四川省	22	24	16	25	21	0.95	7
上海市	11	19	18	23	18	1.64	3
吉林省	20	20	17	16	13	0.65	9
河北省	11	13	14	14	24	2.18	1
福建省	17	18	7	17	17	1.00	5

3.2.3.2 各省市学术影响力分析

（1）外文文献影响力分析

动物疫病防控领域中 SCI 发文 TOP18 省市的论文总体影响力如表 3.12 所示，包括被引频次、篇均被引频次、未被引论文占比及对应的排名。黑龙江省 SCI 论文的篇均被引频次为 13.26，排名第一；北京市篇均被引频次 13.15，排名第二；四川省篇均被引频次 12.30，排名第三；以上省市是该领域论文影响力较大的省市。

从未被引论文数量和占比来看，陕西省发表的 SCI 论文中有 9.09% 未被引用，是未被引论文占比最少的省市，其次是北京市（9.66%）和浙江省（10.46%），这些省市发表的论文质量较好，科研成果的影响力更大，更多被他人参考和引用。

表 3.12　动物疫病防控领域各省市 SCI 论文总体影响力（篇，%）

省区市名称	记录数量	被引频次	篇均被引频次	篇均被引频次排名	未被引论文数量	未被引论文占比	未被引论文占比排名
江苏省	890	8 168	9.18	11	108	12.13	14
北京市	818	10 753	13.15	2	79	9.66	17
广东省	630	5 970	9.48	9	89	14.13	9
山东省	469	4 409	9.40	10	66	14.07	10
黑龙江省	446	5 913	13.26	1	58	13.00	11
湖北省	427	4 292	10.05	7	53	12.41	13
浙江省	373	3 732	10.01	8	39	10.46	16

(续)

省区市名称	记录数量	被引频次	篇均被引频次	篇均被引频次排名	未被引论文数量	未被引论文占比	未被引论文占比排名
四川省	368	4 527	12.30	3	41	11.14	15
河南省	366	3 241	8.86	12	52	14.21	8
上海市	340	3 429	10.09	6	52	15.29	7
陕西省	275	2 999	10.91	4	25	9.09	18
吉林省	232	1 924	8.29	13	39	16.81	3
甘肃省	211	1 576	7.47	14	27	12.80	12
湖南省	127	1 305	10.28	5	20	15.75	6
广西壮族自治区	117	746	6.38	18	19	16.24	4
江西省	95	694	7.31	16	16	16.84	2
河北省	94	605	6.44	17	22	23.40	1
福建省	94	701	7.46	15	15	15.96	5

图3.27展示了发文TOP18各省区市SCI论文的被引频次分布。可以看出，大部分论文的被引频次处于6~15。北京市有179篇被引频次大于15的论文，江苏省148篇，广东省122篇。福建省被引频次在1~5次的论文39篇，在6~15次的30篇，大于15的论文10篇。

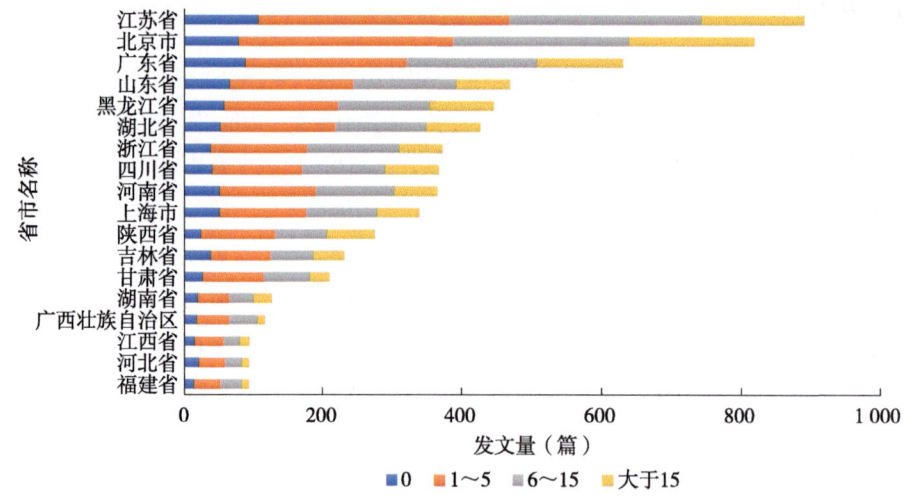

图3.27 动物疫病防控领域SCI论文被引频次分布

（2）中文文献影响力分析

动物疫病防控领域中 CSCD 发文 TOP10 省市的论文总体影响力如表 3.13 所示，包括被引频次、篇均被引频次、未被引论文占比及对应的排名。广东省 CSCD 论文的篇均被引频次为 1.01，排名第一；北京市篇均被引频次 0.89，排名第二；河南省篇均被引频次 0.87，排名第三；以上省市是该领域国内论文影响力较大的省市。

从未被引论文数量和占比来看，山东省发表的 CSCD 论文中有 55.56% 未被引用，是未被引论文占比最少的省市，其次是河南省（57.41%）和江苏省（61.94%），表明这些省市发表的论文质量较好，科研成果的影响力更大，更多被他人参考和引用；但与 SCI 发文相比，中文文献篇均被引总体偏少，未来可期。

表 3.13 动物疫病防控领域各省市 CSCD 论文总体影响力（篇，%）

省市名称	记录数量	被引频次	篇均被引频次	篇均被引频次排名	未被引论文数量	未被引论文占比	未被引论文占比排名
江苏省	268	196	0.73	5	166	61.94	8
北京市	254	225	0.89	2	158	62.20	7
黑龙江省	194	112	0.58	9	131	67.53	4
广东省	170	172	1.01	1	109	64.12	6
河南省	154	134	0.87	3	88	57.14	9
山东省	144	119	0.83	4	80	55.56	10
甘肃省	131	78	0.60	8	90	68.70	3
四川省	128	79	0.62	7	90	70.31	2
上海市	108	53	0.49	10	82	75.93	1
福建省	88	56	0.64	6	59	67.05	5

图 3.28 展示了发文 TOP10 各省市 CSCD 论文的被引频次分布。可以看出，大部分论文的被引频次处于 1~5，其次是 6~15，被引频次大于 15 次的论文数量较少。北京市与广东省各有 2 篇被引频次大于 15 的论文。福建省被引频次在 1~5 次的论文 28 篇，在 6~15 次的 1 篇。

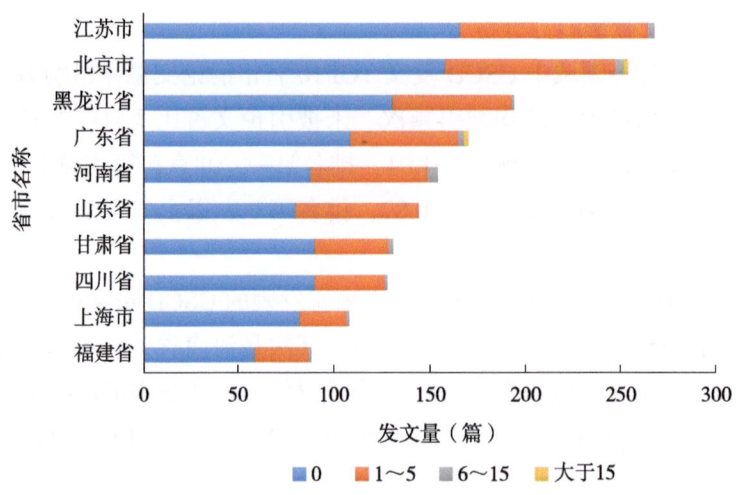

图 3.28 动物疫病防控领域各省市 CSCD 论文被引频次分布

3.2.4 研究热点与发展趋势

基于福建省动物疫病防控领域发表的 94 篇 SCI 论文的全部关键词（作者关键词与 web of science 数据库提取的关键词），利用 VOSviewer 软件对该领域 SCI 论文主题聚类和热点进行挖掘，生成聚类图和热力图；并且将 TOP10 主题词的年度发展趋势进行展示。

福建省动物疫病防控领域 SCI 论文的研究热点集中在 5 个主题（图 3.29）。第一个主题（蓝色聚类）聚焦于水产养殖（fish）动物疫病的研究，主要针对大黄鱼（larimichthys crocea）、寄生物（parasite）、转录（transcription）、存活率（survival rate）、细菌（bacterium）以及细胞凋亡（apoptosis）等。第二个主题（紫色聚类）聚焦于本省动物病毒病[以 2 型圆环病毒病（PCV2）为代表]的研究，主要围绕系统发育（phylogenetic）、发病率（prevalence）、分子特征（molecular characteristics）等。第三个主题（绿色聚类）聚焦于人畜共患病（zoonosis）的研究，包括禽流感（avian influenza）、干扰素（ifn）、特异性抗体（specific antibogy）、免疫印迹法（western blotting）等相关研究。第四个主题（黄色聚类）围绕着猪繁殖与呼吸综合征（PRRS），对其的菌株（strains）、重组病毒（recombinant virus）、同源性（homology）、谱系（lineage）等开展了研究。第五个主题（红色聚类）围绕着白斑综合征（white spot syndrome）开展了研究，包括病理学（pathogenesis）、宿主细胞（host cells）、感染机制（infection）、发病机理（pathogenesis）等。

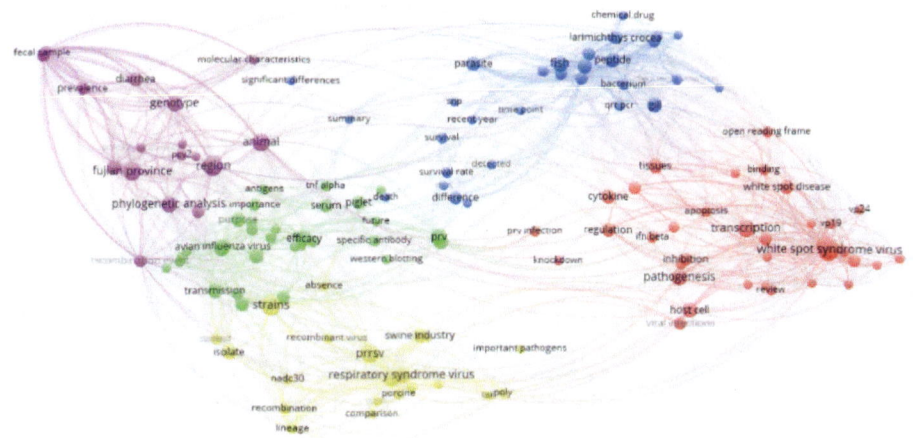

图 3.29　福建省动物疫病防控领域 SCI 论文主题聚类

图 3.30 展示了福建省动物疫病防控领域 SCI 论文的研究热点。可以看出，禽流感（avian influenza）、猪繁殖与呼吸综合征（PRRS）、白斑综合征（white spot syndrome）、进化分析（phylogenetic analysis）、株系（strains）、基因型（genotype）、寄生物（parasite）、转录（transcription）、发病机理（pathogenesis）等为该领域主要的研究热词。2022 年，福建省在动物疫病的动物存活率（survival rate）、脱噬作用（opoptosis）及病原演化过程中的显著差异（significant differences）方面投入力度更大。

福建省动物疫病防控领域 SCI 论文 TOP 主题词的年度发展趋势如图 3.31 所示。传染病（INFECTION），疫苗（VACCINE），致病性（PATHOGENICITY），分离鉴定（identification），免疫反应（immune response），免疫力（IMMUNITY），腹泻（Diarrhea），发病机理（PATHOGENESIS），猪繁殖与呼吸综合症（PRRS）和细胞凋亡（APOPTOSIS）是相关发文量较多的主题词。传染病、疫苗、致病性、分离鉴定、免疫反应是 2018—2022 年相关发文较多的主题词。

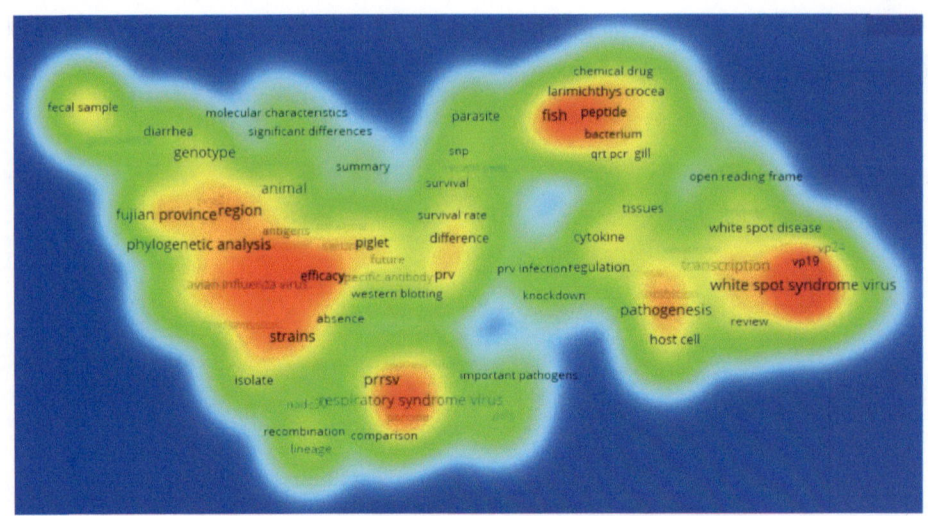

图 3.30　福建省动物疫病防控领域 SCI 论文研究热点

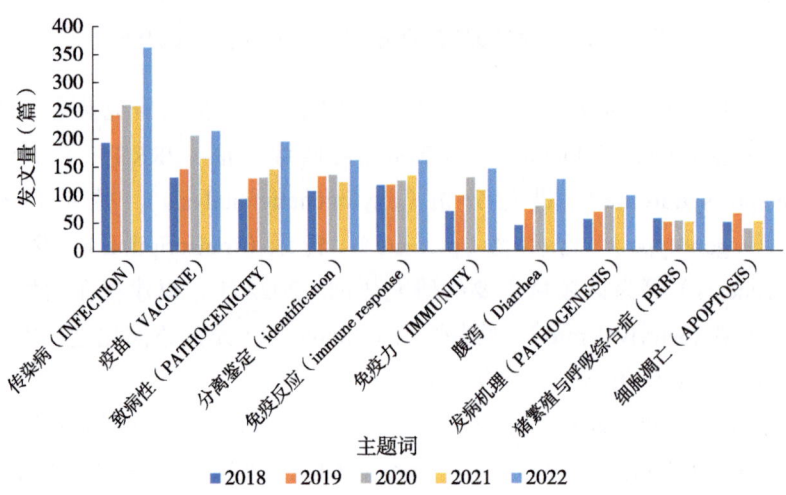

图 3.31　福建省动物疫病防控领域 SCI 论文 TOP 主题词发展趋势

3.2.5　前沿主题识别

基于 Citespace 共被引网络聚类，福建省 2018—2022 年在动物疫病防控领域发表的 94 篇 SCI 论文共可形成 15 个聚类（图 3.32），其中显著度最高的聚类有 7 个，分别为：#0 prevalence（流行）、#1 cd163（CD163 基因）、#2 genetic engineering vaccine（基因工程疫苗）、#3 white spot syndrome virus（白斑综合征病毒）、#4 e-box motif（非洲猪瘟检测仪器）、#5 pathogenesis（发病

机理）、#6 antibiotic resistance bacteria（耐药菌）。以上为2018—2022年福建省在动物疫病防控领域主要布局的前沿主题。各前沿主题中的高被引文章信息如表3.14所示，这些文章是各前沿主题中需要重点关注的文章。

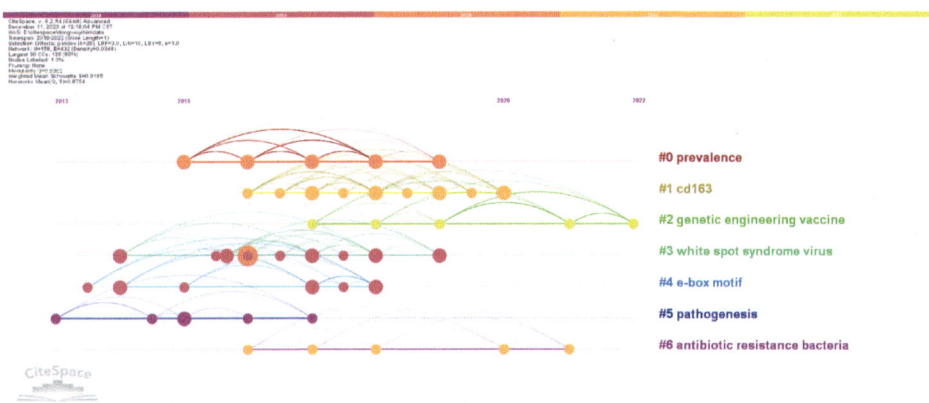

图 3.32　福建省动物疫病防控领域 SCI 论文研究前沿

表 3.14　动物疫病防控领域各前沿主题被引频次排名前十的论文

被引频次	引文信息	数字对象标识符（DOI）	集群ID
4	Li ZP, 2016, J VIROL, V90, P842	10.1128/JVI.02357-15	3
2	Fiuza VRS, 2015, PARASITOL INT, V64, P18	10.1016/j.parint.2015.01.002	0
2	Hassan NA, 2018, AM J TROP MED HYG, V99, P1562	10.4269/ajtmh.17-0901	0
2	Deng L, 2016, PARASITE VECTOR, V9, P0	10.1186/s13071-016-1844-3	0
2	Al-Herrawy AZ, 2016, IRAN J PARASITOL, V11, P195		0
2	Chen D, 2018, INFECT GENET EVOL, V65, P385	10.1016/j.meegid.2018.08.022	0
2	Hu SH, 2017, VET PARASITOL, V248, P68	10.1016/j.vetpar.2017.10.024	0
2	Burkard C, 2017, PLOS PATHOG, V13, P0	10.1371/journal.ppat.1006206	1
2	Chen JY, 2019, INT J BIOL SCI, V15, P481	10.7150/ijbs.25862	1
2	Burkard C, 2018, J VIROL, V92, P0	10.1128/JVI.00415-18，10.1128/jvi.00415-18	1

3.2.6 福建省动物疫病防控技术发展趋势小结

2018—2022 年，全国动物疫病防控领域共发表 SCI 论文 4 933 篇，CSCD 论文 2 100 篇；福建省发表 SCI 论文 94 篇，CSCD 论文 88 篇。SCI 和 CSCD 的全部作者和核心作者发文量均呈现平稳发展的态势。

SCI 论文计量分析结果表明，福建农林大学、厦门大学和福建省农业科学院是福建省动物疫病防控领域 SCI 论文排名前三的机构，TOP 机构发文量总体呈现平稳态势，其中福建农林大学各年度发文量有明显的优势。福建农林大学的闽台动物病原生物学福建省高校重点实验室，厦门大学的近海海洋环境科学国家重点实验室，福建省农业科学院畜牧兽医研究所、生物技术研究所是动物疫病防控领域 SCI 发文较为集中的团队。合作情况表明，福建农林大学与其他机构的合作发文最为紧密。

各省市在动物疫病防控领域的 SCI 学术生产力分析结果表明，江苏省、北京市、广东省分列 SCI 全部作者和核心作者发文量的前三，福建省全部作者发文排名第十八，核心作者发文排名第十。从 SCI 论文增长率排名来看，江西省、广西壮族自治区、湖南省论文增长率排名前三，江西省、河北省、广西壮族自治区核心论文增长率排名前三。福建省论文增长率排名第四，核心论文增长率排名第七。

各省市在动物疫病防控领域的 SCI 学术影响力分析结果表明，黑龙江省、北京市、四川省是该领域论文影响力较大的省市，陕西省、北京市和浙江省是该领域未被引论文占比最少的省市，表明这些省市发表的论文质量较好，科研成果的影响力更大，更多被他人参考和引用。

CSCD 论文计量分析结果表明，福建省农业科学院、福建农林大学和龙岩学院是福建省动物疫病防控领域 CSCD 论文排名前三位的机构，TOP 机构发文量总体呈现平稳态势。福建畜禽疫病防治工程技术研究中心（依托于福建省农业科学院畜牧兽医研究所），福建农林大学动物科学学院，龙岩学院生命科学学院的福建省家畜传染病防治与生物技术重点实验室，福建省疾病预防控制中心的福建省人兽共患病研究重点实验室、中国水产科学研究院的海洋渔业科学与食物产出功能实验室等是动物疫病防控领域 CSCD 发文较为集中的团队。合作情况看，福建省农业科学院与其他机构合作最为紧密。

各省市在动物疫病防控领域的学术生产力分析结果表明，江苏省、北京市和黑龙江省分列 CSCD 全部作者和核心作者发文量的前三，福建省全部作者发文排名第十，核心作者发文排名第九，核心发文占比排名第四。从CSCD论文增长率排名来看，甘肃省、上海市、北京市论文增长率排名前三；河北省、北京市、上海市核心作者论文增长率排名前三。福建省论文增长率与核心论文增长率均排名第五。

各省市在动物疫病防控领域的CSCD学术影响力分析结果表明，广东省、北京市、河南省是该领域国内论文影响力较大的省市，福建省篇均被引排名第六。山东省、河南省、江苏省是该领域未被引论文占比最少的省市，这些省市发表的论文质量较好，科研成果的影响力更大，更多被他人参考和引用，福建省未被引论文占比排名第五。

VOSviewer生成的聚类图和热力图表明，福建省动物疫病防控领域SCI论文的研究热点集中在5个主题。第一个主题聚焦于水产养殖（fish）动物疫病的研究。第二个主题聚焦于本省动物病毒病［以2型圆环病毒病（PCV2）为代表］的研究。第三个主题聚焦于人畜共患病（zoonosis）的研究。第四个主题围绕着猪繁殖与呼吸综合征（PRRS），对其的菌株（strains）、重组病毒（recombinant virus）、同源性（homology）、谱系（lineage）等开展了研究。第五个主题围绕着白斑综合征（white spot syndrome）开展了研究。禽流感（avian influenza）、猪繁殖与呼吸综合征（PRRS）、白斑综合征（white spot syndrome）、进化分析（phylogenetic analysis）、株系（strains）、基因型（genotype）、寄生物（parasite）、转录（transcription）、发病机理（pathogenesis）等为该领域主要的研究热词。

Citespace生成的研究前沿聚类图表明，福建省动物疫病防控领域SCI论文的研究前沿集中在7个主题。分别为：#0 prevalence（流行）、#1 cd163（CD163基因）、#2 genetic engineering vaccine（基因工程疫苗）、#3 white spot syndrome virus（白斑综合征病毒）、#4 e-box motif（非洲猪瘟检测仪器）、#5 pathogenesis（发病机理）、#6 antibiotic resistance bacteria（耐药菌）。

第四章 农产品加工篇

4.1 福建省农产品加工技术总体发展与变化趋势

2018—2022年，全国农产品加工领域共发表SCI论文10 164篇，福建省发表SCI论文368篇。如图4.1所示，2018—2022年的发文数量连续提升。2022年福建省在农产品加工领域发表论文121篇，是2018年（41篇）的2.95倍。

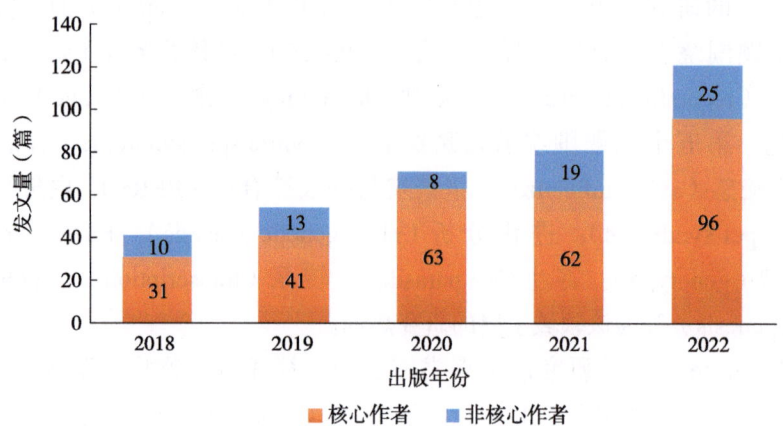

图4.1 福建省农产品加工领域SCI论文发文趋势

从SCI论文的作者类型来看（表4.1），福建省以核心作者发表的论文数量也在不断提升。2022年核心作者发文数量96篇，是2018年（31篇）的3.10倍，2020年核心作者发文数量占比最高，为88.73%，表明以福建省科研机构、高校、企业为主导的相关研究正在积极开展（注：SCI论文第一作者和通信作者为SCI发文的核心作者，下同）。

表 4.1　福建省农产品加工领域 SCI 论文作者类型（篇）

出版年份	SCI 发文总量	SCI 核心作者论文	SCI 非核心作者论文
2018	41	31	10
2019	54	41	13
2020	71	63	8
2021	81	62	19
2022	121	96	25

2018—2022 年，全国农产品加工领域共发表 CSCD 论文 7 596 篇，福建省发表 CSCD 论文 313 篇。如图 4.2 所示，福建省 CSCD 论文发文数量由 2018 年至 2020 年连续增长，2020—2022 年先增长后下降，2022 年福建省在农产品加工领域发表 CSCD 论文 68 篇，是 2018 年（52 篇）的 1.31 倍，表明福建省对在国内高水平期刊发表学术成果较为重视。

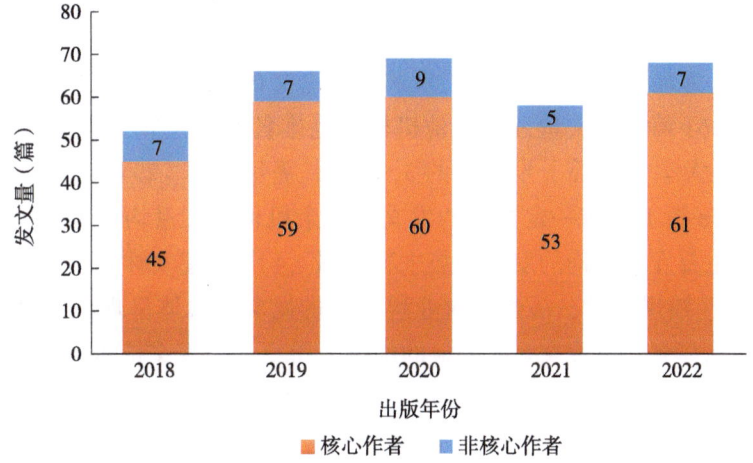

图 4.2　福建省农产品加工领域 CSCD 论文发文趋势

从 CSCD 论文的作者类型来看（表 4.2），福建省以核心作者发表的论文数量与全部作者的规律一致，与 SCI 论文相比，CSCD 论文的核心作者比例更高，2019 年、2021 年、2022 年的核心作者比例均在 88% 以上。2022 年核心作者发文数量 61 篇，是 2018 年（45 篇）的 1.36 倍（注：CSCD 论文第一作者为 CSCD 发文的核心作者，下同）。

表 4.2 福建省农产品加工领域 CSCD 论文作者类型（篇）

出版年份	CSCD 发文总量	CSCD 核心作者论文	CSCD 非核心作者论文
2018	52	45	7
2019	66	59	7
2020	69	60	9
2021	58	53	5
2022	68	61	7

4.2 研究机构与核心团队

对福建省农产品加工领域的 SCI 论文和 CSCD 论文数据进行清洗，对主要研究机构与核心研究团队进行筛选和分析。

4.2.1 外文文献主要研究机构与核心团队

图 4.3 为福建省农产品加工领域 SCI 论文的 TOP10 发文机构。福建农林大学（161 篇）发文量远超其他机构，是排名第二、第三的厦门大学（49 篇）、集美大学（37 篇）发文量的 3~4 倍，福州大学（29 篇）、福建省农业科学院（28 篇）也有一定数量的发文，其余机构发文量均在 10 篇以下。从 SCI 论文主要发文机构的发文趋势来看（图 4.4），福建农林大学、厦门大学、集美大学、福州大学、福建省农业科学院的发文量总体呈现连续增长态势。福建农林大学各年度发文量有明显的优势，2022 年的发文量达 45 篇。

对 SCI 论文发文的核心团队进行分析发现，福建农林大学的福建省亚热带果蔬加工工程技术研究中心、国家农产品加工技术研发（蔬菜）专业分中心、海西工业技术研究院农产品加工与食品安全工程技术研究中心是农产品加工领域发文较为集中的团队，这些团队均为国家级和省级重点实验室，并且与国际发达国家、中国台湾、省内科研机构进行合作共建，以福建特色作物为中心进行基础研究和应用研究，解决福建地区与合作地区农产品加工技术的问题。集美大学的发文团队主要集中在海洋食物与生物工程学院的相关团队，包括水产品加工与贮藏工程研究团队，农产品加工及高值化利用创新团队等是发文的核心团队。厦门大学的发文团队比较分散，近海海洋环境科学国家重点实验室、福建省滨海湿地保护与生态恢复工程技术研究中心、滨海湿地生态系统教育部重点实验室等团队均有相关论文产出。

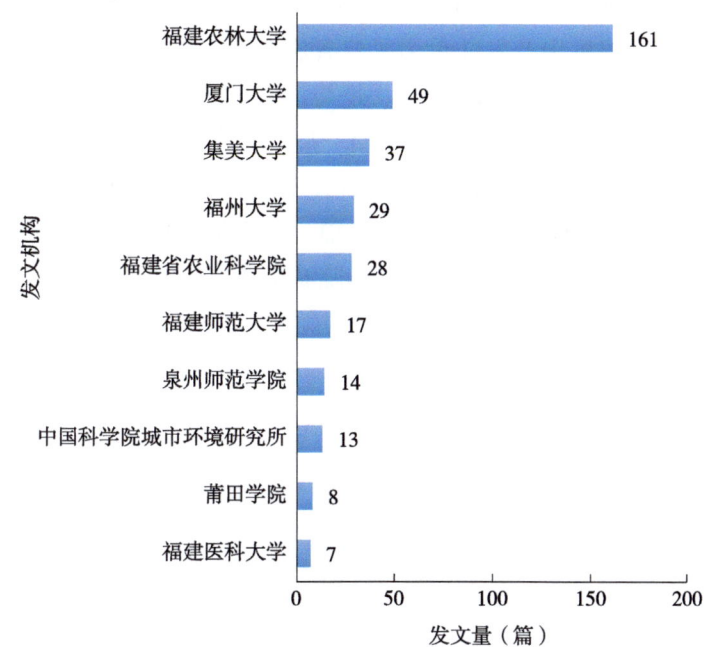

图 4.3　福建省农产品加工领域 SCI 论文主要发文机构

图 4.4　福建省农产品加工领域 SCI 论文主要发文机构发文趋势

通过统计论文中全部作者的来源机构，绘制福建农产品加工领域主要机构的合作发文情况如图 4.5 所示。福建农林大学与其他机构的合作发文最为紧密，合作最多的机构及发文量为福建省农业科学院（10 篇）、泉州师范学院（7 篇）、厦门大学（7 篇），此外，还与莆田学院合作 5 篇，福建师范大学合作 5 篇，福州大学共同合作发文 4 篇。厦门大学和集美大学共同合作发文 5 篇，与福建医科大学、莆田学院共同合作发文 2 篇。福建师范大学与福州大学、福建省农业科学院分别合作发文 1 篇，泉州师范学院与福州大学、福建医科大学合作发文 1 篇，中国环境科学院城市环境研究所与其他主要机构暂无合作发文。

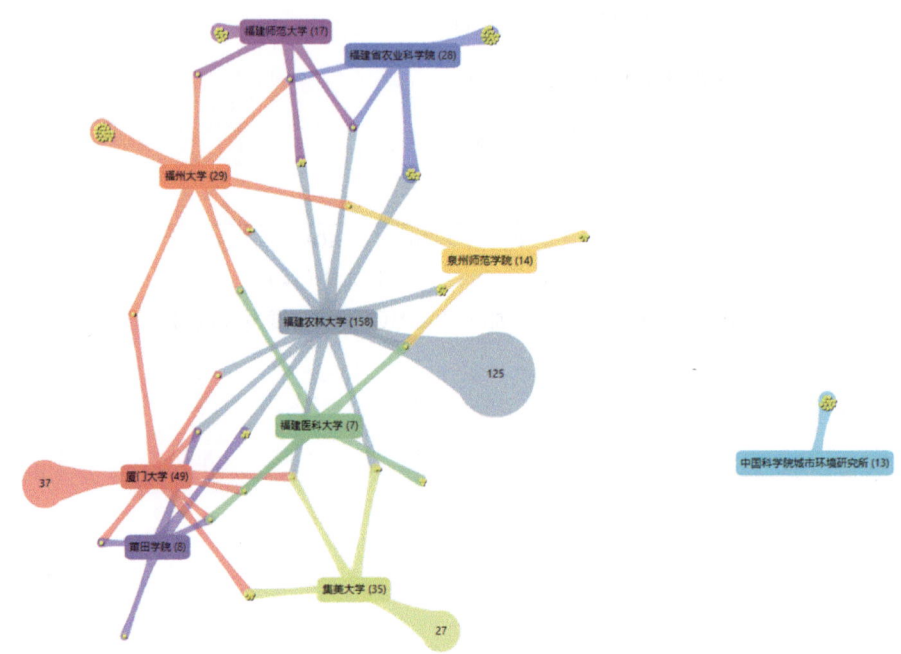

图 4.5　福建省农产品加工领域 SCI 论文主要发文机构团队合作关系

4.2.2　中文文献主要研究机构与核心团队

图 4.6 为福建省农产品加工领域 CSCD 论文的 TOP10 发文机构。CSCD 论文的发文机构比较集中，基本是福建农林大学（148 篇）和福建省农业科学院（60 篇）发表的文章。从年度发文量来看（图 4.7），福建农林大学、福建省农业科学院 2020 年的发文量明显高于其他年份。

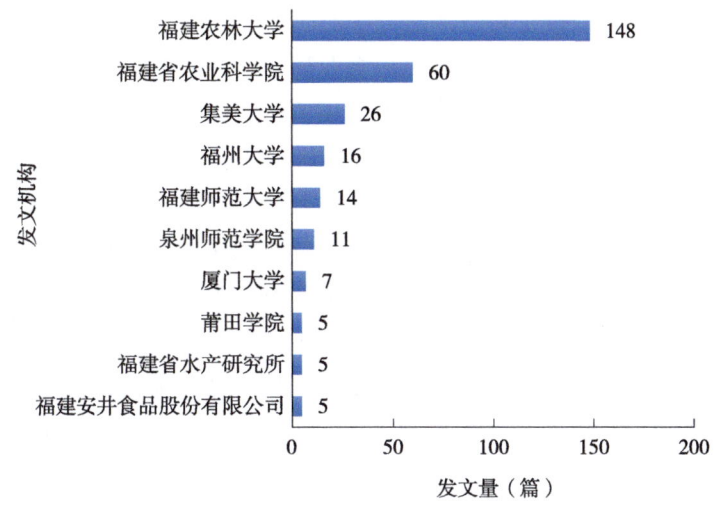

图 4.6　福建省农产品加工领域 CSCD 论文主要发文机构

图 4.7　福建省农产品加工领域 CSCD 论文主要发文机构发文趋势

对 CSCD 论文发文的核心团队进行分析发现，福建农林大学的国家农产品加工技术研发（蔬菜）专业分中心在发表较多 SCI 论文的同时也比较注重在国内高水平期刊上发表研究成果，福建省特种淀粉品质科学与技工技术重点实验室、福建省亚热带果蔬加工工程技术研究中心、海西工业技术研究院农产品加工与食品安全工程技术研究中心等重点实验室团队也发表了一定数量的论文。福建省农业科学院亚热带农业研究所、茶叶研究所、农业生态研究所、农业工程技术研究所等均开展了相关研究并产出成果，亚热带经济作物研究室、福建省龙眼枇杷育种工程技术中心等是核心的发文团队。

通过统计论文中全部作者的来源机构，绘制福建农产品加工领域主要机构的合作发文情况如图 4.8 所示。福建农林大学与其他机构的合作发文最为紧密，合作最多的机构及发文量为福建省农业科学院（12 篇）、泉州师范学院（4 篇）、集美大学（2 篇），此外，还与福州大学、福建师范大学、莆田学院、福建省水产研究所合作 1 篇。集美大学和福建省水产研究所共同合作发文 3 篇，福州大学与福建师范大学共同合作发文 1 篇。厦门大学与其他主要机构暂无合作发文。

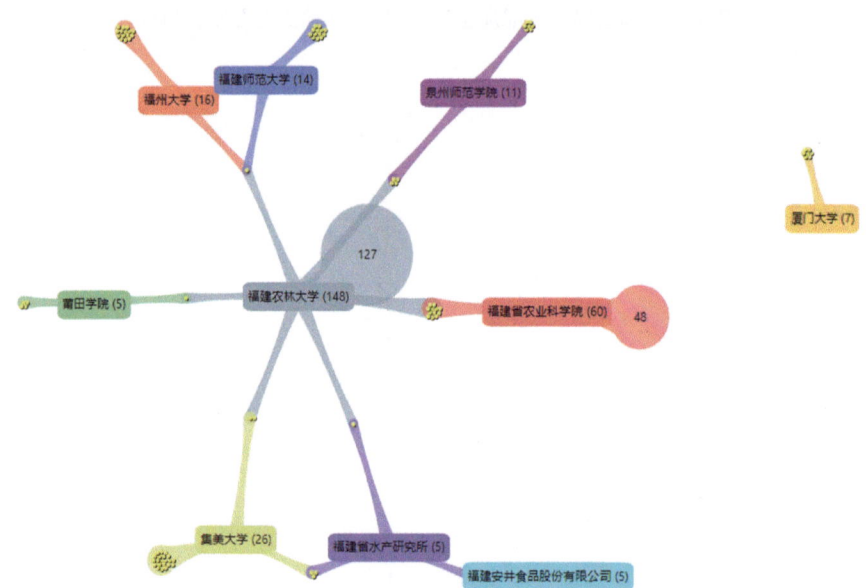

图 4.8　福建省农产品加工领域 CSCD 论文主要发文机构团队合作情况

4.3　科研产出与地位表现

分别对全国农产品加工领域 SCI、CSCD 论文的来源省份进行清洗和排名，对论文产出数量、论文被引次数和被引次数区间进行对比，分析各省市在该学科的学术生产力和学术影响力。

4.3.1 各省市学术生产力分析

（1）外文文献学术生产力分析

全国农产品加工领域共发表 SCI 论文 10 164 篇，SCI 论文的省市排名如图 4.9 所示。北京市 SCI 论文发文量最多，共 1 885 篇；江苏省排名第二，发文 1 812 篇；浙江省排名第三，发文 1 131 篇；广东省排名第四，发文 1 093 篇；山东省排名第五，发文 871 篇。TOP10 省市共发文 9 718 篇，占全部发文的 95.61%。福建省发文 368 篇，排名第十三。

从核心作者的发文情况来看，江苏省（1 506 篇），北京市（1 296 篇），浙江省（882 篇）依然是发文量排名前三的省市。陕西省核心作者论文占比为 83.46%，江苏省为 83.11%，福建省为 79.62%，是核心作者论文占比 TOP3 省市。福建省核心作者论文占比为 79.62%，排名第三。

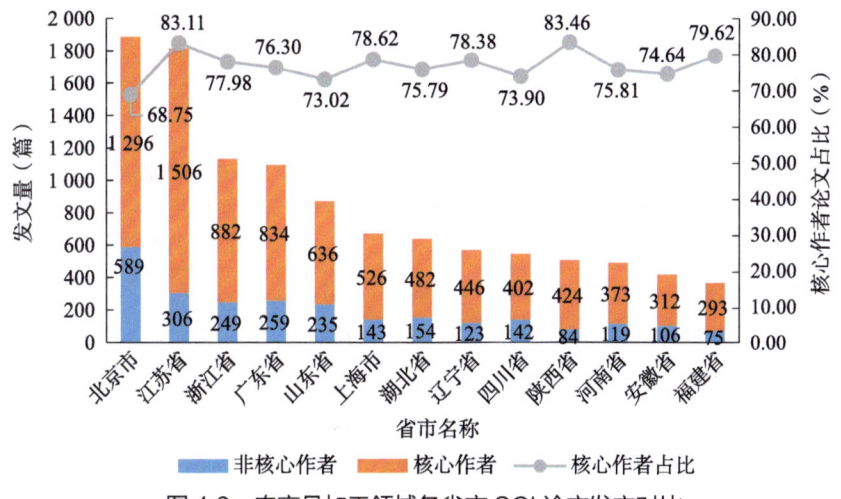

图 4.9 农产品加工领域各省市 SCI 论文发文对比

表 4.3 对 TOP13 省市 SCI 论文及核心作者论文年度分布情况进行了统计分析。整体来看，TOP13 省市在农产品加工领域发表的论文呈上升趋势，特别是 2018—2022 年，发文数量增长较快，表明该领域被各个省市共同关注，农产品加工技术的问题亟待解决。从 SCI 论文增长率排名来看，河南省、四川省、安徽省全部作者论文增长率排名前三，福建省排名第五；河南省、四川省和福建省核心论文增长率排名前三。

表4.3 农产品加工领域各省市SCI论文年度分布情况（篇，%）

省市名称	2018年	2019年	2020年	2021年	2022年	SCI论文增长率（2022/2018）	SCI论文增长率排名
北京市	262	310	357	437	519	1.98	12
江苏省	220	275	354	413	550	2.50	8
浙江省	164	182	211	231	343	2.09	11
广东省	147	160	207	243	336	2.87	10
山东省	100	122	152	202	295	2.95	4
上海市	73	84	131	183	198	2.71	7
湖北省	76	105	132	133	190	2.50	8
辽宁省	61	83	122	128	175	2.87	6
四川省	56	79	90	112	207	3.70	2
陕西省	65	67	90	129	157	2.42	9
河南省	48	60	95	91	198	4.13	1
安徽省	42	64	80	94	138	3.29	3
福建省	41	54	71	81	121	2.95	5

省市名称	2018年	2019年	2020年	2021年	2022年	SCI核心作者论文增长率（2022/2018）	SCI核心论文增长率排名
江苏省	187	222	324	336	437	2.34	10
北京市	197	217	240	294	348	1.77	13
浙江省	126	141	159	178	278	2.21	12
广东省	111	125	165	177	256	2.31	11
山东省	77	74	122	145	218	2.83	7
上海市	53	63	97	130	156	3.06	4
湖北省	51	81	108	96	156	2.94	5
辽宁省	53	63	97	94	139	2.62	9
陕西省	48	49	85	113	129	2.69	8
四川省	37	57	69	82	157	4.24	2
河南省	37	41	68	67	160	4.32	1
安徽省	34	43	65	72	98	2.88	6
福建省	31	41	63	62	96	3.10	3

（2）中文文献学术生产力分析

全国农产品加工领域共发表 CSCD 论文 7 596 篇，CSCD 论文的省市排名如图 4.10 所示。北京市、江苏省的 CSCD 论文发文量依然位列前两名，分别为 1 038 篇和 902 篇。浙江省（679 篇）、上海市（595 篇）、广东省（567 篇）位列发文的三至五位。TOP12 省市共发文 6 685 篇，占全部发文的 88.01%。福建省发文 313 篇，排名第十二。

从核心作者的发文情况来看，北京市（818 篇），江苏省（694 篇），浙江省（573 篇）依然是发文量排名前三的省市。福建省核心作者论文占比为 88.82%，上海市为 84.54%，浙江省为 84.39%，是核心作者论文占比 TOP3 省市。

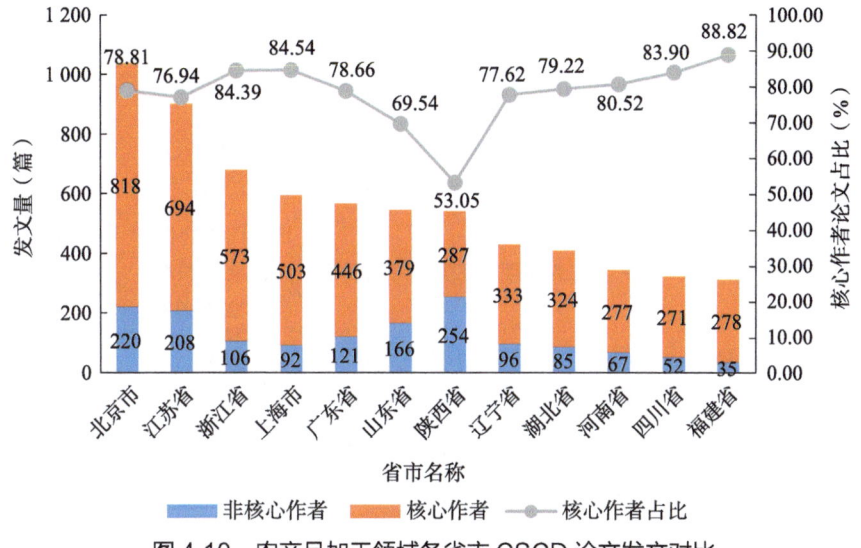

图 4.10　农产品加工领域各省市 CSCD 论文发文对比

表 4.4 对 TOP12 省市 CSCD 论文及核心作者论文年度分布情况进行了统计分析。整体来看，TOP12 省市中大部分农产品加工领域 CSCD 发文呈上升趋势。从 CSCD 论文增长率排名来看，福建省、辽宁省、北京市论文增长率排名前三；福建省、湖北省、北京市的 CSCD 核心作者论文增长率排名前三。

表 4.4　农产品加工领域各省市 CSCD 论文年度分布情况（篇，%）

省市名称	2018年	2019年	2020年	2021年	2022年	CSCD 论文增长率（2022/2018）	CSCD 论文增长率排名
北京市	197	195	219	215	212	1.08	3
江苏省	215	170	188	176	153	0.71	9
浙江省	134	134	148	136	127	0.95	4
上海市	134	112	119	123	107	0.80	8
广东省	124	111	113	105	114	0.92	7
山东省	126	111	112	116	80	0.63	11
陕西省	145	158	129	58	51	0.35	12
辽宁省	85	76	79	86	103	1.21	2
湖北省	89	81	92	64	83	0.93	5
河南省	72	69	82	54	67	0.93	6
四川省	75	60	65	71	52	0.69	10
福建省	52	66	69	58	68	1.31	1

省市名称	2018年	2019年	2020年	2021年	2022年	CSCD 核心作者论文增长率（2022/2018）	CSCD 核心论文增长率排名
北京市	169	164	136	180	169	1.00	3
江苏省	157	152	138	131	116	0.74	13
浙江省	124	127	122	106	94	0.76	10
上海市	100	106	99	107	91	0.91	4
广东省	98	92	93	74	89	0.91	5
山东省	64	90	88	83	54	0.84	9
辽宁省	76	66	67	58	66	0.87	7
湖北省	61	74	61	56	72	1.18	2
陕西省	54	69	74	50	40	0.74	12
福建省	52	66	61	53	61	1.36	1
河南省	62	61	59	42	53	0.85	8
四川省	64	54	56	55	42	0.66	14

4.3.2 各省市学术影响力分析

（1）外文文献影响力分析

农产品加工领域中 SCI 发文 TOP13 省市的论文总体影响力如表 4.5 所示，包括被引频次、篇均被引频次、未被引论文占比及对应的排名。浙江省 SCI 论文的篇均被引频次为 14.02，排名第一；江苏省篇均被引频次 13.80，排名第二；陕西省篇均被引频次 13.40，排名第三；以上省市是该领域论文影响力较大的省市。

从未被引论文数量和占比来看，江苏省发表的 SCI 论文中有 8.66% 未被引用，是未被引占比最少的省市，其次是浙江省（9.46%）和上海市（10.06%），说明这些省市发表的论文质量较好，科研成果的影响力更大，更多被他人参考和引用。

表 4.5 农产品加工领域各省市 SCI 论文总体影响力（篇，%）

省市名称	记录数量	被引频次	篇均被引频次	篇均被引频次排名	未被引论文数量	未被引论文占比	未被引论文占比排名
北京市	1 885	23 798	12.62	7	200	10.61	5
江苏省	1 812	25 010	13.80	2	157	8.66	1
浙江省	1 131	15 852	14.02	1	107	9.46	2
广东省	1 093	14 092	12.89	5	117	10.70	10
山东省	871	10 073	11.56	11	111	12.74	11
湖北省	669	8 509	12.72	6	77	11.51	7
上海市	636	7 902	12.42	9	64	10.06	3
辽宁省	569	7 071	12.43	8	68	11.95	8
四川省	544	6 378	11.72	10	75	13.79	12
陕西省	508	6 808	13.40	3	63	12.40	9
河南省	492	5 172	10.51	13	90	18.29	13
安徽省	418	5 523	13.21	4	54	12.92	3
福建省	368	4 223	11.48	12	38	10.33	4

图 4.11 展示了发文 TOP13 各省市 SCI 论文的被引频次分布情况。可以看出，大部分论文的被引频次处于 6～15 和大于 15 之间，被引频次为 0 次的论

文数量较少。江苏省有536篇被引频次大于15的论文，北京市482篇，浙江省343篇。福建省被引频次在1~5次的论文124篇，在6~15次的110篇，大于15的论文90篇。

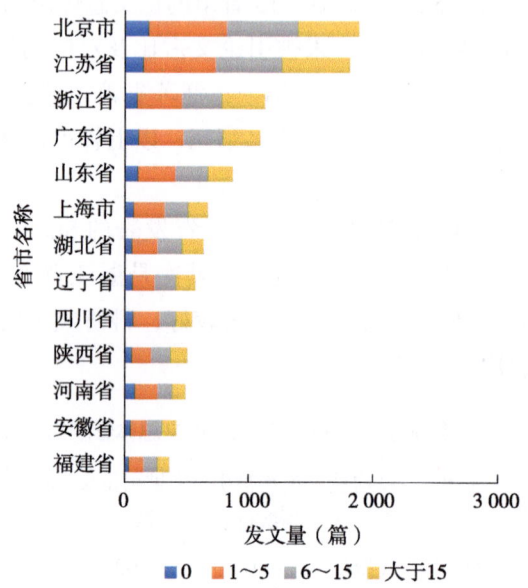

图4.11 农产品加工领域SCI论文被引频次分布

（2）中文文献影响力分析

农产品加工领域中CSCD发文TOP12省市的论文总体影响力如表4.6所示，包括被引频次、篇均被引频次、未被引论文占比及对应的排名。北京市CSCD论文的篇均被引频次为2.00，排名第一；山东省篇均被引频次1.96，排名第二；陕西省篇均被引频次1.81，排名第三，以上省市是该领域国内论文影响力较大的省市。

表4.6 农产品加工领域各省市CSCD论文总体影响力（篇，%）

省市名称	记录数量	被引频次	篇均被引频次	篇均被引频次排名	未被引论文数量	未被引论文占比	未被引论文占比排名
北京市	1 038	2 076	2.00	1	552	53.18	9
江苏省	902	1 595	1.77	4	463	51.33	10
浙江省	679	1 028	1.51	11	366	53.90	6
上海市	595	1 049	1.76	5	321	53.95	5

（续）

省市名称	记录数量	被引频次	篇均被引频次	篇均被引频次排名	未被引论文数量	未被引论文占比	未被引论文占比排名
广东省	567	993	1.75	6	307	54.14	4
山东省	545	1 068	1.96	2	275	50.46	11
陕西省	541	981	1.81	3	269	49.72	12
辽宁省	429	667	1.55	10	252	58.74	1
湖北省	409	707	1.73	7	226	55.26	2
河南省	344	565	1.64	9	190	55.23	3
四川省	323	462	1.43	12	174	53.87	7
福建省	313	517	1.65	8	168	53.67	8

从未被引论文数量和占比来看，陕西省发表的 CSCD 论文中有 49.72% 未被引用，是未被引论文占比最少的省市，其次是山东省（50.46%）和江苏省（51.33%），说明这些省市发表的中文论文质量较好，科研成果的影响力更大，更多被他人参考和引用。

图 4.12 展示了发文 TOP12 各省市 CSCD 论文的被引频次分布。可以看出，大部分论文的被引频次处于 0 和 1~5，其次是 6~15，被引频次大于 15 次的论文数量较少。北京市有 9 篇被引频次大于 15 的论文，广东省 7 篇，其余省市在 6 篇以下。福建省被引频次在 1~5 次的论文 130 篇，在 6~15 次的 15 篇，大于 15 的论文 0 篇。

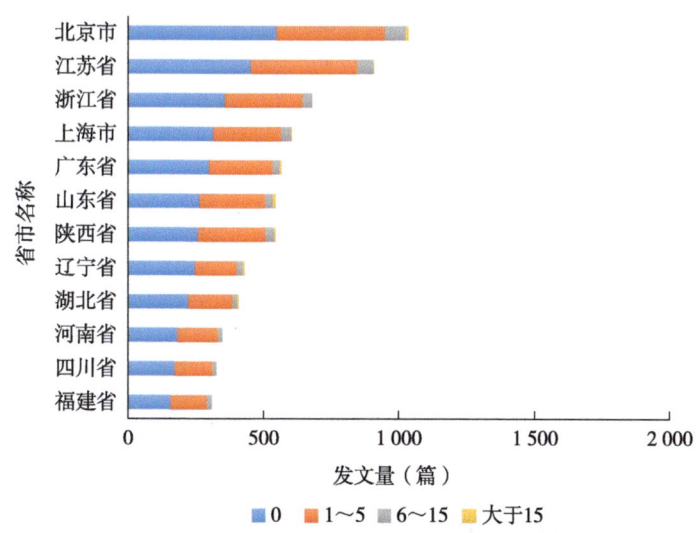

图 4.12　农产品加工领域各省市 CSCD 论文被引频次分布

4.4 研究热点与发展趋势

基于福建省农产品加工领域发表的 368 篇 SCI 论文的全部关键词（作者关键词与 web of science 数据库提取的关键词），利用 VOSviewer 软件对该领域 SCI 论文主题聚类和热点进行挖掘，生成聚类图和热力图，并且将 TOP10 主题词的年度发展趋势进行展示。

福建省农产品加工领域 SCI 论文的研究集中在 4 个主题（图 4.13）：第一个主题（红色聚类）聚焦于温度（temperature）的研究，包括蛋白质（protein）、抗氧化剂（antioxidant）、净化（purification）、保质期（shelf-life）、抗氧化活性（antioxidant activity）等相关研究。第二个主题（绿色聚类）聚焦于农产品中的表达式（expression）、蛋白质（protein）、积累（accumulation）特性的研究，包括对其生物合成（biosynthesis）、基因（genes）、拟南芥（arabidopsis）、识别（identification）以及茶树（camellia sinensis）的研究等。第三个主题（蓝色聚类）聚焦于农产品中的龙眼果实（longan fruit）的研究、包括疾病的发展（disease development）、存储（storage）、没食子酸丙酯（propyl gallate）、假种皮破裂（aril breakdown）、水果（fruit）、新陈

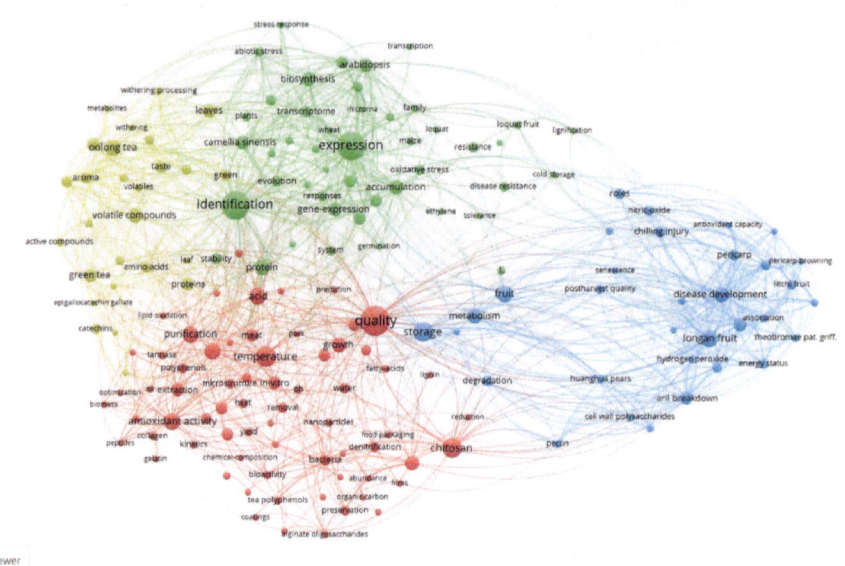

图 4.13 福建省农产品加工领域 SCI 论文主题聚类

代谢（metabolism）、活跃的氧代谢（active oxygen-metabolism）、能量状态（energy status）以及浆分解（pulp breakdown）的研究等。第四个主题（黄色聚类）聚焦于农产品中的乌龙茶（oolong tea）的研究，包括代谢组学（metabolomics）、味道（taste）、绿色（green）、叶子（leaves）、蛋白质组学（proteomics）、绿茶（green tea）、挥发性化合物（volatile compounds）、红茶（black tea）、白茶（white tea）的研究等。

图4.14为福建省农产品加工领域SCI论文的研究热点。可以看出，识别（identification）、乌龙茶（oolong tea）、温度（temperature）、质量（quality）、龙眼果实（longan fruit）、表达（expresssion）蛋白质（protein）等为该领域主要的研究热词。

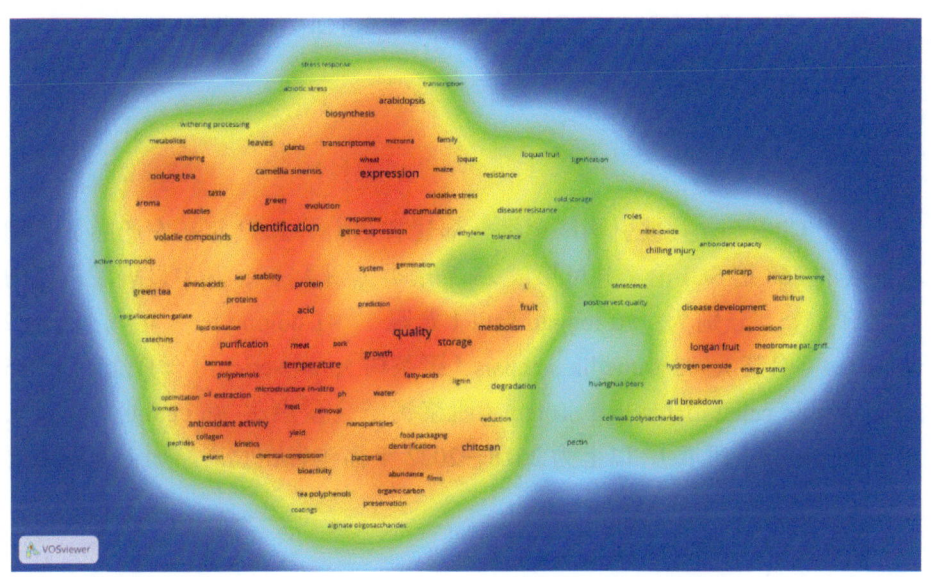

图4.14　福建省农产品加工领域SCI论文研究热点

福建省农产品加工领域SCI论文TOP主题词的年度发展趋势如图4.15所示。龙眼果实（Longan fruit）、乌龙茶（oolong tea）、茶树（Camellia sinensis）、壳聚糖（chitosan）、代谢组学（metabolomics）、水稻（rice）、核糖核酸（RNA-seq）、蛋白质组学（proteomics）、浆分解（Pulp breakdown）、转录组（transcriptome）和挥发性化合物（volatile compounds）是相关发文量较多的主题词。其中品质、提纯、提取是2018—2022年发文增长较多的主题词。

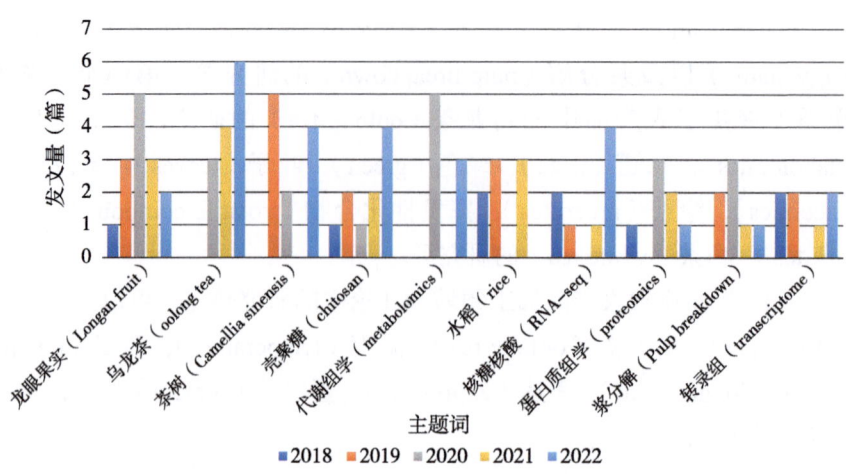

图 4.15　福建省农产品加工领域 SCI 论文 TOP 主题词发展趋势

4.5　前沿主题识别

基于 Citespace 共被引网络聚类，福建省 2018—2022 年在农产品加工领域发表的 368 篇 SCI 论文共可形成 23 个聚类（图 4.16），其中显著度最高的聚类有 8 个，分别为：#0 longan fruit（龙眼）、#1 oolong tea（乌龙茶）、#2 white tea（白茶）、#3 camellia sinensis（野茶树）、#4 sericin（丝胶蛋白）、#5 sarcoplasmic calcium-binding protein（肌浆钙结合蛋白）、#6 quality（品质）、#7 watermelon（西瓜）。以上为 2018—2022 年福建省在农产品加工领域主要

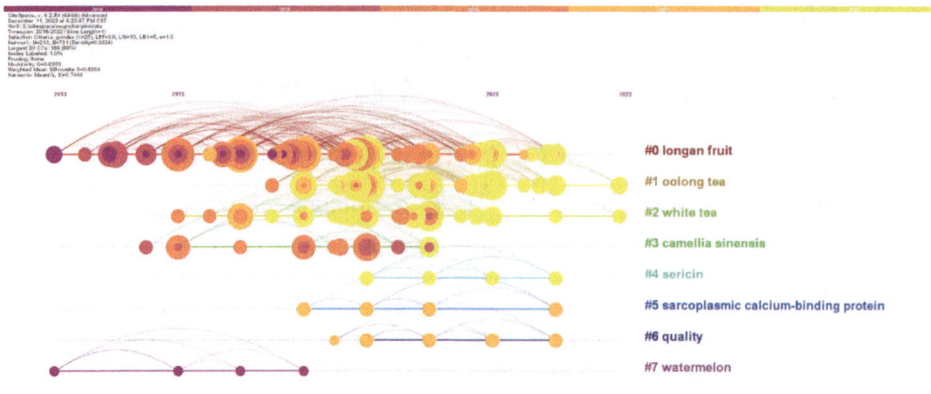

图 4.16　福建省农产品加工领域 SCI 论文研究前沿

布局的前沿主题。各前沿主题中的高被引文章信息如表 4.7 所示，这些文章是各前沿主题中需要重点关注的文章。

表 4.7 农产品加工领域各前沿主题被引频次排名前十的论文

被引频次	引文信息	数字对象标识符（DOI）	集群ID
14	Lin YF, 2016, POSTHARVEST BIOL TEC, V111, P53	10.1016/j.postharvbio.2015.07.030	0
14	Sun JZ, 2018, FOOD CHEM, V247, P16	10.1016/j.foodchem.2017.12.017	0
14	Hu CJ, 2018, FOOD CHEM, V269, P202	10.1016/j.foodchem.2018.07.016	1
13	Lin YF, 2017, FOOD CHEM, V228, P497	10.1016/j.foodchem.2017.02.045	0
12	Chen MY, 2015, FOOD BIOPROCESS TECH, V8, P971	10.1007/s11947-014-1462-z	0
11	Lin YF, 2018, FOOD CHEM, V240, P863	10.1016/j.foodchem.2017.07.118	0
10	Zeng LT, 2018, J AGR FOOD CHEM, V66, P3899	10.1021/acs.jafc.8b00515	1
10	Wang Y, 2019, FOOD CHEM, V272, P313	10.1016/j.foodchem.2018.08.013	2
9	Jiang XJ, 2018, FOOD CHEM, V266, P299	10.1016/j.foodchem.2018.06.010	0
9	Lin YF, 2017, FOOD CHEM, V225, P31	10.1016/j.foodchem.2016.12.088	0

4.6 福建省农产品加工技术发展趋势小结

2018—2022 年，全国农产品加工领域共发表 SCI 论文 10 164 篇，CSCD 论文 7 596 篇；福建省发表 SCI 论文 368 篇，CSCD 论文 313 篇。SCI 和 CSCD 的全部作者和核心作者发文量均呈上升态势。

SCI 论文计量分析结果表明，福建农林大学、厦门大学和集美大学是福建省农产品加工领域 SCI 论文排名前三的机构，TOP 机构发文量总体呈现连续增长态势，其中福建农林大学各年度发文量有明显的优势。福建农林大学的福建省亚热带果蔬加工工程技术研究中心、国家农产品加工技术研发（蔬菜）专业分中心、海西工业技术研究院农产品加工与食品安全工程技术研究中心，集美大学的海洋食物与生物工程学院水产品加工与贮藏工程研究团队、农产品加工及高值化利用创新团队，厦门大学的近海海洋环境科学国家重点实验室、福建省滨海湿地保护与生态恢复工程技术研究中心、滨海湿地生态系统教育部重点实验室是农产品加工领域 SCI 发文较为集中的团队。合作情况表明，福建农林大学与其他机构的合作发文最为紧密。

各省市在农产品加工领域的 SCI 学术生产力分析结果表明，北京市、江苏省、浙江省分列 SCI 全部作者和核心作者发文量的前三，福建省全部作者发文排名第十三，核心作者发文排名第三。从 SCI 论文增长率排名来看，河南省、江苏省、福建省论文增长率排名前三，河南省、四川省和福建省核心论文增长率排名前三。福建省论文增长率和核心论文增长率均排名第三。

各省市在农产品加工领域的 SCI 学术影响力分析结果表明，浙江省、江苏省、陕西省是该领域论文影响力较大的省市，福建省篇均被引排名第十二。江苏省、浙江省、上海市是该领域未被引论文占比最少的省市，这些省市发表的论文质量较好，科研成果的影响力更大，更多被他人参考和引用，福建省未被引论文占比排名第四位。

CSCD 论文计量分析结果表明，福建农林大学、福建省农业科学院和集美大学是福建省农产品加工领域 CSCD 论文排名前三的机构，TOP 机构发文量总体呈现连续增长态势。福建农林大学的国家农产品加工技术研发（蔬菜）专业分中心，福建省特种淀粉品质科学与技工技术重点实验室，福建省亚热带果蔬加工工程技术研究中心，海西工业技术研究院农产品加工与食品安全工程技术研究中心等是农产品加工领域 CSCD 发文较为集中的团队。合作情况看，福建农林大学与其他机构合作最为紧密。

各省市在农产品加工领域的学术生产力分析结果表明，北京市、江苏省、浙江省分列 CSCD 全部作者和核心作者发文量的前三位，福建省全部作者发文排名第十二，核心作者发文排名第十二，核心发文占比排名第一。从 CSCD 论文增长率排名来看，福建省、辽宁省、北京市论文增长率排名前三位；福建省、湖北省、北京市的 CSCD 核心作者论文增长率排名前三。

各省市在农产品加工领域的 CSCD 学术影响力分析结果表明，北京市、山东省、陕西省是该领域国内论文影响力较大的省市，福建省篇均被引排名第八位。陕西省、山东省、江苏省是该领域未被引论文占比最少的省市，这些省市发表的论文质量较好，科研成果的影响力更大，更多被他人参考和引用，福建省未被引论文占比排名第八位。

VOSviewer 生成的聚类图和热力图表明，福建省农产品加工领域 SCI 论文的研究热点集中在 4 个主题。第一个主题聚焦于温度（temperature）的研究。第二个主题聚焦于农产品中的表达式（expression）、蛋白质（protein）、积累（accumulation）特性的研究。第三个主题聚焦于农产品中的龙眼果实（longan fruit）的研究。第四个主题聚焦于农产品中的乌龙茶（oolong tea）的研究。识别（identification）、乌龙茶（oolong tea）、温度（temperature）、质量（quality）、龙眼果实（longan fruit）、表达（expresssion）、蛋白质（protein）等为该领域主要的研究热词。

Citespace 生成的研究前沿聚类图表明，福建省农产品加工领域 SCI 论文的研究前沿集中在 8 个主题。分别为：#0 longan fruit（龙眼）、#1 oolong tea（乌龙茶）、#2 white tea（白茶）、#3 camellia sinensis（野茶树）、#4 sericin（丝胶蛋白）、#5 sarcoplasmic calcium-binding protein（肌浆钙结合蛋白）、#6 quality（品质）、#7 watermelon（西瓜）。

第五章　农产品质量安全篇

5.1　福建省农产品质量安全技术总体发展与变化趋势

2018—2022年，全国农产品质量安全领域共发表SCI论文7 929篇，福建省发表SCI论文230篇。如图5.1所示，2018—2022年的发文数量持续提升，在2021年有所下降，2022年继续升高。2022年福建省在农产品质量安全领域发表论文69篇，是2018年（24篇）的2.88倍。

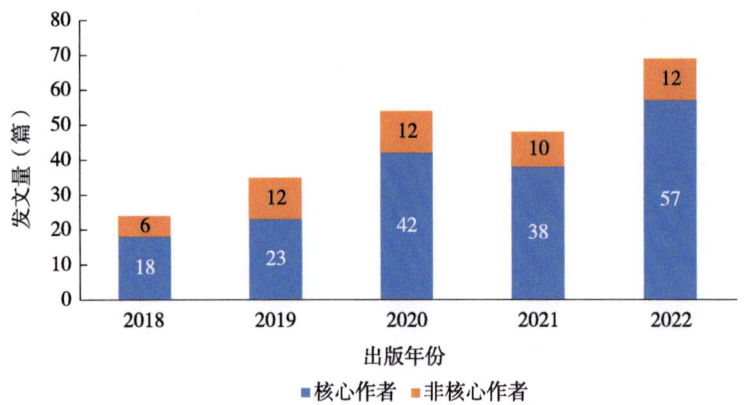

图5.1　福建省农产品质量安全领域SCI论文发文趋势

从SCI论文的作者类型来看（表5.1），福建省以核心作者发表的论文数量也在不断提升，在2021年出现下降，随后，2022年继续提升。2022年核心作者发文数量占比最高，为82.61%，2022年核心作者发文数量57篇，是2018年（18篇）的3.17倍，表明以福建省科研机构、高校、企业为主导的相关研究的发文数量在2021年有所延缓，随后正在积极快速的开展。（注：SCI论文第一作者和通信作者为SCI发文的核心作者，下同）。

表 5.1　福建省农产品质量安全领域 SCI 论文作者类型（篇）

出版年份	SCI 发文总量	SCI 核心作者论文	SCI 非核心作者论文
2018	24	18	6
2019	35	23	12
2020	54	42	12
2021	48	38	10
2022	69	57	12

2018—2022 年，全国农产品质量安全领域共发表 CSCD 论文 5 936 篇，福建省发表 CSCD 论文 193 篇。如图 5.2 所示，福建省 CSCD 论文发文数量 2018—2022 年呈现连续增长态势，2021 年有所下降，在 2022 年有略微增加，但仍低于 2021 年的发文数量。2020 年福建省在农产品质量安全领域发表 CSCD 论文 42 篇，为 5 年来发文数量最多的一年，是 2018 年（30 篇）的 1.4 倍，对在国内高水平期刊发表学术成果较为重视。

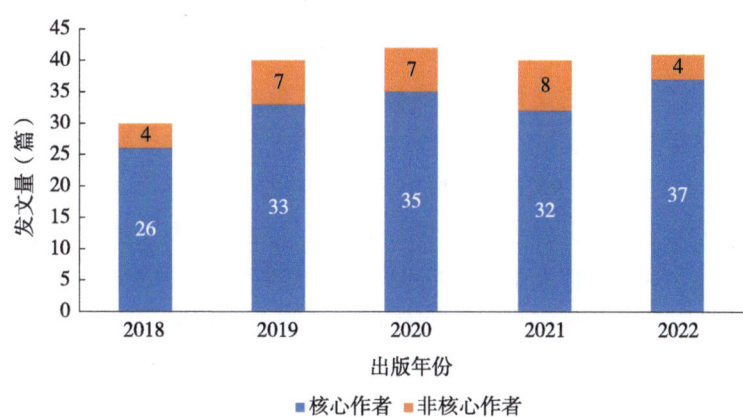

图 5.2　福建省农产品质量安全领域 CSCD 论文发文趋势

从 CSCD 论文的作者类型来看（表 5.2），福建省以核心作者发表的论文数量略有提升，与 SCI 论文相比，CSCD 论文的核心作者比例更高，2022 年的核心作者所占比例在 90% 以上。2022 年核心作者发文数量 37 篇，是 2018 年（26 篇）的 1.42 倍（注：CSCD 论文第一作者为 CSCD 发文的核心作者，下同）。

表 5.2 福建省农产品质量安全领域 CSCD 论文作者类型（篇）

出版年份	CSCD 发文总量	CSCD 核心作者论文	CSCD 非核心作者论文
2018	30	26	4
2019	40	33	7
2020	42	35	7
2021	40	32	8
2022	41	37	4

5.2 研究机构与核心团队

对福建省农产品质量安全领域的 SCI 论文和 CSCD 论文数据进行清洗，对主要研究机构与核心研究团队进行筛选和分析。

5.2.1 外文文献主要研究机构与核心团队

图 5.3 为福建省农产品质量安全领域 SCI 论文的 TOP8 发文机构。福建农林大学（115 篇）发文量远超其他机构，是排名第二、第三的厦门大学（31 篇）、福建省农业科学院（30 篇）发文量的 3 倍左右，福州大学（23 篇）、集美大学（14 篇）、中国科学院城市环境研究所（10 篇）也有一定数量的发文，其余机构发文量均在 10 篇以下。从 SCI 论文主要发文机构的发文趋势来看（图 5.4），福建农林大学、厦门大学、福建省农业科学院、福州大学、集美大学及中国科学院城市环境研究所在各年度都有发文。福建农林大学各年度发文量具有明显的优势，2022 年的发文量达 33 篇。

对核心团队进行分析显示，福建农林大学的植物保护学院、生命科学学院、食品科学学院、农学院、资源与环境学院及动物科学学院等二级学院发文较多，福建农林大学中国—爱尔兰国际合作食品物质学与结构设计研究中心、作物遗传育种与综合利用教育部重点实验室、闽台作物有害生物生态防控国家重点实验室是农产品质量安全领域发文较为集中的团队，这些团队与国际发达国家、中国台湾、省内科研机构进行合作共建进行基础研究和应用研究，解决福建省农产品质量安全技术的问题。厦门大学的海洋与地球学院、环境与生态学院及化学化工学院等二级学院发文较多，福建省海岸带污染防控重点实验室、滨海湿地生态系统教育部重点实验室、海洋生物制备技术国家地方联合工程实验室及近海海洋环境科学国家重点实验室等是主要的发文团队。福建省农业科学院的果树研究所、食用菌研究所、生物技术研究所等相关研究所发文较多，福建省农业遗传工程重点实验室、福建省农产品质量与安全重点实验室是核心的发文团队。

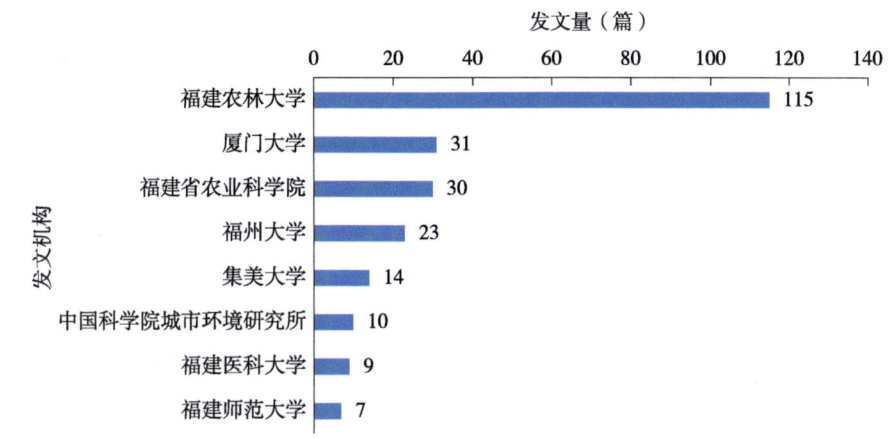

图 5.3　福建省农产品质量安全领域 SCI 论文主要发文机构

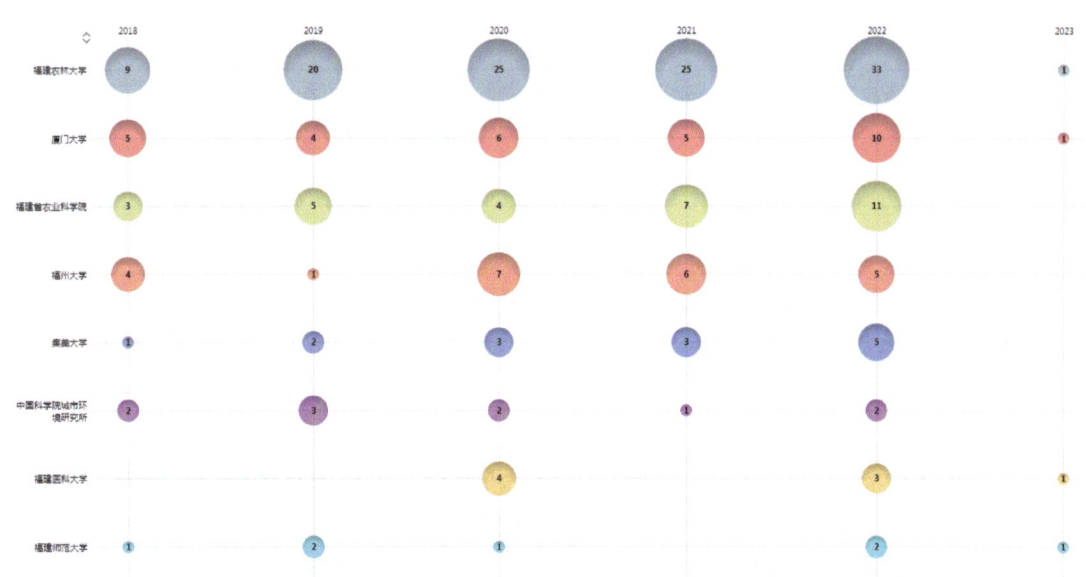

图 5.4　福建省农产品质量安全领域 SCI 论文主要发文机构发文趋势

通过统计分析 SCI 论文中全部作者的来源机构，绘制福建畜禽水产养殖领域主要机构的合作发文情况如图 5.5 所示。福建农林大学与其他机构的合作发文最为紧密，合作最多的机构及发文量为福建省农业科学院（10 篇）、福州大学（5 篇），此外，还与集美大学合作 4 篇，与中国科学院城市环境研究所合作 3 篇，与福建师范大学、厦门大学共同合作发文 2 篇。与福建医科大学暂无合作发文。

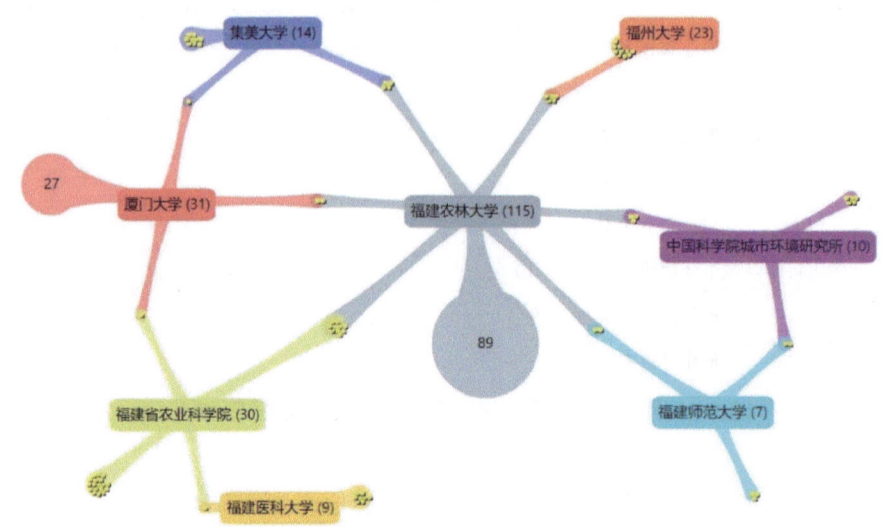

图 5.5　福建省农产品质量安全领域 SCI 论文主要发文机构合作关系

5.2.2　中文文献主要研究机构与核心团队

图 5.6 为福建省农产品质量安全领域 CSCD 论文的 TOP 8 发文机构。CSCD 论文的发文机构比较集中，基本是福建农林大学（72 篇）、福建省农业科学院（44 篇）及福建医科大学（17 篇）发表的文章。福建农林大学、福建省农业科学院、福建医科大学、福州大学在 2018—2022 年各年度均有相关发文（图 5.7）。

对 CSCD 论文发文的核心团队进行分析发现。福建农林大学园艺学院、食品科学学院、生命科学学院及动物科学学院等二级学院发文较多，福建农林大学作物遗传改良与综合利用教育部重点实验室、茶叶福建省高校工程研究中心、福建省兽医中药与动物保健重点实验室、国家甘蔗工程技术研究中心等是主要的核心团队。福建省农业科学院农业生态研究所、果树研究所、

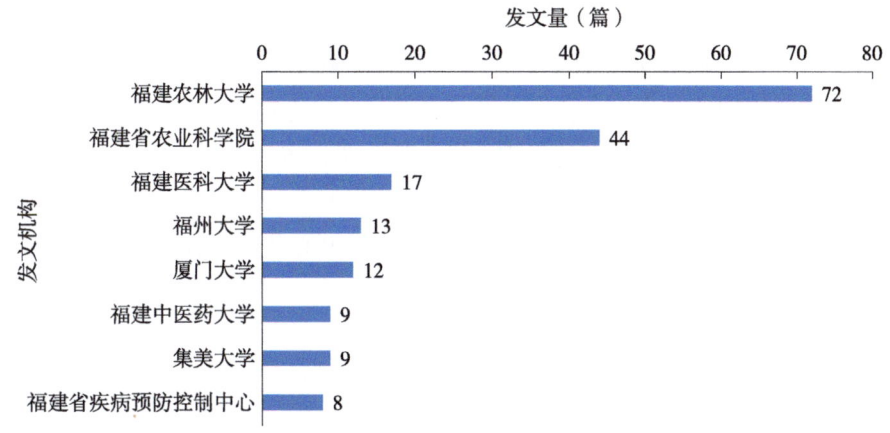

图 5.6　福建省农产品质量安全领域 CSCD 论文主要发文机构

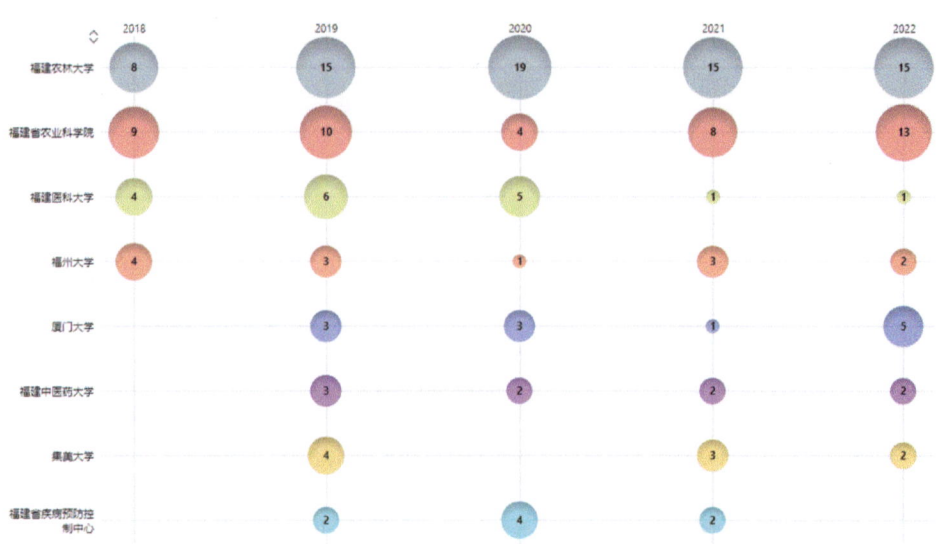

图 5.7　福建省农产品质量安全领域 CSCD 论文主要发文机构发文趋势

农业质量标准与检测技术研究所、水稻研究所及作物研究所等研究所发文较多，福建省农业科学院蔬菜遗传育种重点实验室、福建省特色旱作物品种选育工程技术研究中心、福建省农产品质量安全重点实验室、特色食用菌繁育与栽培国家地方联合工程研究中心、福建省落叶果树工程技术研究中心及特色食用菌繁育与栽培国家地方联合工程研究中心等是主要的核心团队。福建医科大学附属第一医院、药学院、公共卫生学院、附属第二医院、附属协和医院及省立临床医学院等是主要的发文团队。

通过统计分析CSCD论文中全部作者的来源机构，绘制福建畜禽水产养殖领域主要机构的合作发文情况如图5.8所示。福建农林大学与其他机构的合作发文最为紧密，合作最多的机构及发文量为福建省农业科学院（12篇）、与福州大学合作4篇，与福州大学、福建中医药大学共同合作1篇，与福建中医药大学、福建医科大学、福建疾病预防控制中心共同合作1篇，与集美大学合作1篇，与厦门大学合作1篇。

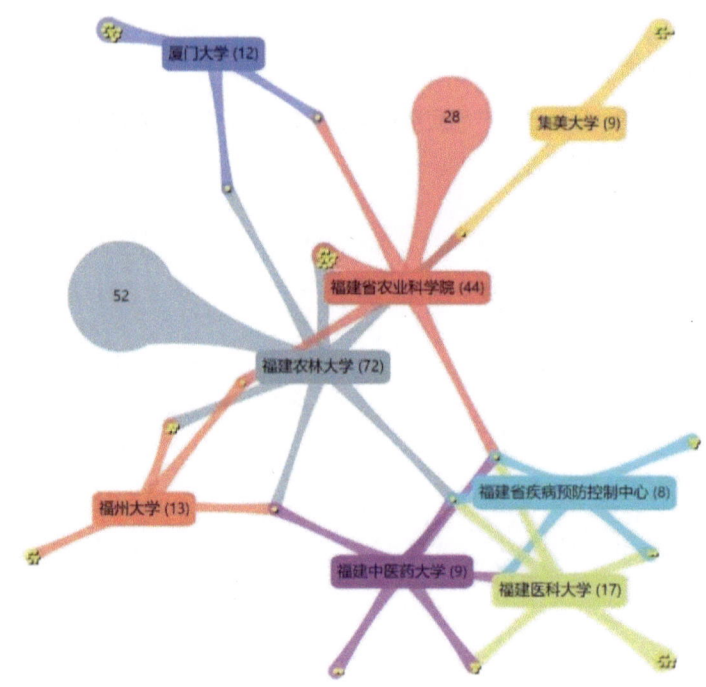

图5.8　福建省农产品质量安全领域CSCD论文主要发文机构合作关系

5.3　科研产出与地位表现

分别对全国农产品质量安全领域SCI、CSCD论文的来源省份进行清洗和排名，对论文产出数量、论文被引次数和被引次数区间进行对比，分析各省市在该学科的学术生产力和学术影响力。

5.3.1 各省市学术生产力分析

（1）外文文献学术生产力分析

全国农产品质量安全领域共发表 SCI 论文 7 929 篇，SCI 论文的省市排名如图 5.9 所示。北京市 SCI 论文发文量最多，共 1 826 篇；江苏省排名第二，发文 1 145 篇；广东省排名第三，发文 784 篇；浙江省排名第四，发文 765 篇；山东省排名第五，发文 712 篇。TOP10 省市共发文 7 651 篇，占全部发文的 96.49%。福建省发文 236 篇，排名第十五。

从核心作者的发文情况来看，北京市（1 364 篇），江苏省（914 篇），浙江省（615 篇）是发文量排名前三的省市。浙江省核心作者论文占比为 80.39%，江苏省为 79.83%，辽宁省为 79.61%，是核心作者论文占比 TOP3 省市。福建省核心作者论文占比为 77.97%，排名第五。

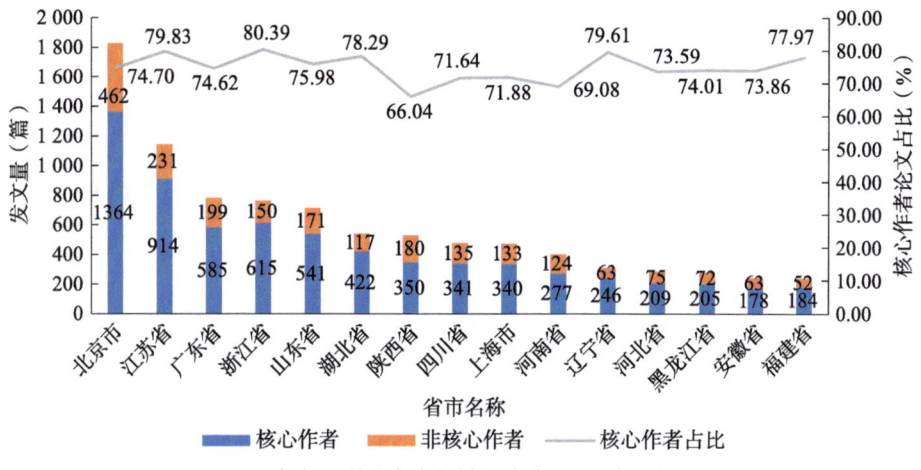

图 5.9 农产品质量安全领域各省市 SCI 论文发文对比

表 5.3 对 TOP15 省市 SCI 论文及核心作者论文年度分布情况进行了统计分析。整体来看，TOP15 省市在农产品质量安全领域发表的论文呈上升趋势，北京市、广东省、辽宁省、河北省、安徽省在 2020 年发文数量有所下降，但在 2021—2022 年，发文数量增长较快，表明该领域被各个省市共同关注，农产品质量安全技术的问题亟待解决。从 SCI 论文增长率排名来看，陕西省、河北省、福建省论文增长率排名前三，河北省、陕西省、安徽省核心论文增长率排名前三，福建省核心论文增长率排名第四。

表 5.3　农产品质量安全领域各省市 SCI 论文年度分布情况（篇，%）

省市名称	2018年	2019年	2020年	2021年	2022年	SCI 论文增长率（2022/2018）	SCI 论文增长率排名
北京市	286	348	315	391	448	1.57	15
江苏省	145	177	206	263	324	2.23	11
广东省	96	145	132	170	220	2.29	10
浙江省	111	113	133	152	244	2.20	12
山东省	91	99	129	161	209	2.30	9
湖北省	65	100	112	104	142	2.18	13
陕西省	43	73	74	146	187	4.35	1
四川省	62	73	98	80	152	2.45	7
上海市	70	76	82	109	129	1.84	14
河南省	51	44	70	95	126	2.47	6
辽宁省	42	46	45	59	111	2.64	5
河北省	23	50	41	68	97	4.22	2
黑龙江省	33	45	61	53	80	2.42	8
安徽省	27	42	40	50	76	2.81	4
福建省	24	35	54	48	69	2.88	3

省市名称	2018年	2019年	2020年	2021年	2022年	SCI 核心作者论文增长率（2022/2018）	SCI 核心论文增长率排名
北京市	212	253	220	300	350	1.65	15
江苏省	126	134	163	213	256	2.03	13
浙江省	92	95	105	120	195	2.12	11
广东省	71	110	107	117	164	2.31	9
山东省	71	78	99	121	149	2.10	12
湖北省	46	73	87	83	119	2.59	6
陕西省	31	59	63	88	107	3.45	2
四川省	43	53	68	64	105	2.44	7
上海市	52	49	59	82	94	1.81	14
河南省	35	28	52	68	84	2.40	8
辽宁省	38	38	32	49	85	2.24	10
河北省	18	38	29	48	73	4.06	1
黑龙江省	24	35	49	37	55	2.29	5
福建省	18	23	44	37	57	3.17	4
安徽省	19	33	26	34	61	3.21	3

（2）中文文献学术生产力分析

全国农产品质量安全领域共发表 CSCD 论文 5 936 篇，CSCD 论文的省区市排名如图 5.10。北京市、江苏省的 CSCD 论文发文量依然位列两名，分别为 1 178 篇和 569 篇。浙江省（436 篇）、广东省（404 篇）、山东省（366 篇）也位列发文的前五位。TOP10 省区市共发文 4 422 篇，占全部发文的 74.49%。福建省发文 193 篇，排名第十五。

从核心作者的发文情况来看，北京市（937 篇），江苏省（437 篇），浙江省（346 篇）依然是发文量排名前三的省市。福建省核心作者论文占比为 84.46%，河南为 81.43%，陕西省为 80.56%，是核心作者论文占比 TOP3 省市。

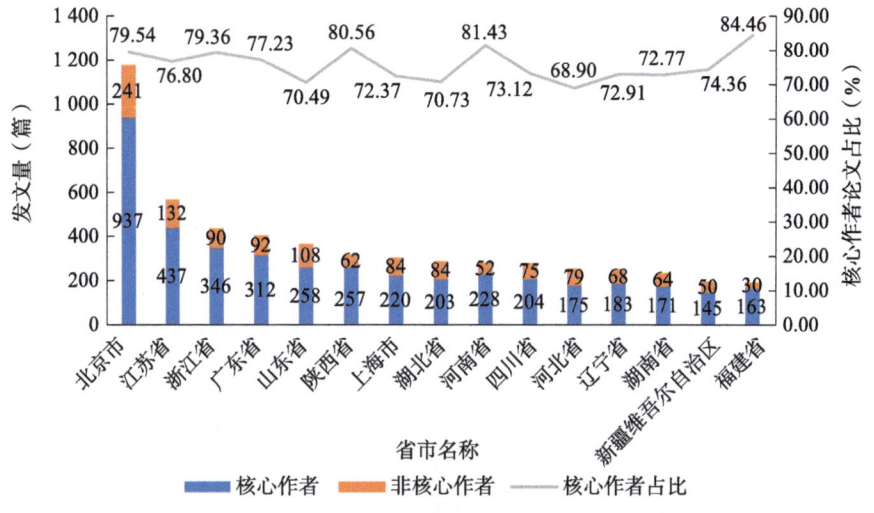

图 5.10 农产品质量安全领域各省区市 CSCD 论文发文对比

表 5.4 对 TOP15 省区市 CSCD 论文及核心作者论文年度分布情况进行了统计分析。整体来看，TOP15 省区市中一部分农产品质量安全领域 CSCD 发文呈上升趋势。从 CSCD 论文增长率排名来看，湖北省、福建省、新疆维吾尔自治区论文增长率排名前三；辽宁省、福建省、湖北省核心作者论文增长率排名前三。

表 5.4 农产品质量安全领域各省区市 CSCD 论文年度分布情况（篇，%）

省区市名称	2018年	2019年	2020年	2021年	2022年	CSCD 论文增长率（2022/2018）	CSCD 论文增长率排名
北京市	258	209	214	257	240	0.93	11
江苏省	115	102	109	131	112	0.97	10
浙江省	87	79	83	96	91	1.05	7
广东省	84	76	81	74	89	1.06	6
山东省	81	71	73	61	80	0.99	9
陕西省	61	74	74	62	48	0.79	15
上海市	68	66	55	57	58	0.85	14
湖北省	43	59	59	61	65	1.51	1
河南省	60	56	55	48	61	1.02	8
四川省	57	51	60	61	50	0.88	13
河北省	47	49	55	50	53	1.13	4
辽宁省	57	41	40	51	62	1.09	5
湖南省	41	48	42	67	37	0.90	12
新疆维吾尔自治区	43	32	36	33	51	1.19	3
福建省	30	40	42	40	41	1.37	2

省区市名称	2018年	2019年	2021年	2021年	2022年	CSCD 核心作者论文增长率（2022/2018）	CSCD 核心论文增长率排名
北京市	212	171	164	201	189	0.89	13
江苏省	90	87	81	95	84	0.93	11
浙江省	71	62	71	69	73	1.03	7
广东省	64	59	58	59	72	1.13	5
山东省	58	52	49	44	55	0.95	10
陕西省	43	57	51	58	48	1.12	6
河南省	51	47	43	37	50	0.98	9
上海市	52	46	39	37	46	0.88	14
四川省	44	36	41	47	36	0.82	15
湖北省	33	45	37	42	46	1.39	3
辽宁省	33	31	29	41	49	1.48	1
河北省	37	28	37	36	37	1.00	8
湖南省	32	29	30	51	29	0.91	12
福建省	26	33	35	32	37	1.42	2
新疆维吾尔自治区	33	19	24	26	43	1.30	4

5.3.2 各省市学术影响力分析

（1）外文文献影响力分析

农产品质量安全领域中 SCI 发文 TOP15 省市的论文总体影响力如表 5.5 所示，包括被引频次、篇均被引频次、未被引论文占比及对应的排名。广东省 SCI 论文的篇均被引频次为 14.11，排名第一；上海市篇均被引频次 13.36，排名第二；北京市篇均被引频次 13.33，排名第三；以上省市是该领域论文影响力较大的省市。

从未被引论文数量和占比来看，北京市发表的 SCI 论文中有 9.47% 未被引用，是未被引论文占比最少的省市，其次是上海市（10.15%）和江苏省（11.35%），表明这些省市发表的论文质量较好，科研成果的影响力更大，更多被他人参考和引用。

表 5.5　农产品质量安全领域各省市 SCI 论文总体影响力（篇，%）

省市名称	记录数量	被引频次	篇均被引频次	篇均被引频次排名	未被引论文数量	未被引论文占比	未被引论文占比排名
北京市	1 826	24 337	13.33	3	173	9.47	1
江苏省	1 145	13 911	12.15	9	130	11.35	3
广东省	784	11 059	14.11	1	101	12.88	8
浙江省	765	9 988	13.06	4	108	14.12	12
山东省	712	8 835	12.41	6	99	13.90	11
湖北省	539	6 646	12.33	7	63	11.69	5
陕西省	530	5 927	11.18	12	64	12.08	6
四川省	476	5 728	12.03	10	60	12.61	7
上海市	473	6 319	13.36	2	48	10.15	2
河南省	401	3 937	9.82	15	54	13.47	10
辽宁省	309	3 801	12.30	8	47	15.21	13
河北省	284	2 897	10.20	14	49	17.25	15
黑龙江省	277	3 518	12.70	5	37	13.36	9
安徽省	241	2 526	10.48	13	38	15.77	14
福建省	236	2 688	11.39	11	27	11.44	4

图5.11展示了发文TOP15各省市SCI论文的被引频次分布。可以看出,大部分论文的被引频次处于1~5,其次是6~15,再次大于15。北京市有515篇被引频次大于15的论文,江苏省273篇,广东省215篇。福建省被引频次在1~5次的论文78篇,在6~15次的论文76篇,大于15的论文55篇。

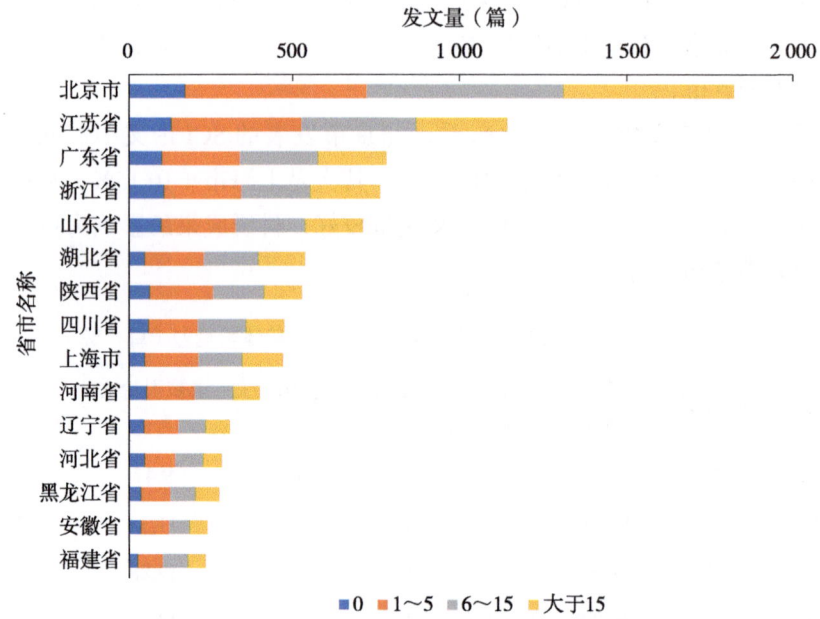

图5.11 农产品质量安全领域SCI论文被引频次分布

(2)中文文献影响力分析

农产品质量安全领域中CSCD发文TOP15省区市的论文总体影响力如表5.6所示,包括被引频次、篇均被引频次、未被引论文占比及对应的排名。北京市CSCD论文的篇均被引频次为1.57,排名第一;湖南省篇均被引频次为1.55,排名第二;辽宁省、河南省篇均被引频次均为1.49,并列第三;陕西省篇均被引频次1.48,排名第五;以上省市是该领域国内论文影响力较大的省市。

从未被引论文数量和占比来看,陕西省发表的CSCD论文中有48.28%未被引用,是未被引论文占比最少的省区市,其次是河南省(52.50%)和辽宁省(32.64%),表明这些省区市发表的论文质量较好,科研成果的影响力更大,更多被他人参考和引用。

表 5.6　农产品质量安全领域各省区市 CSCD 论文总体影响力（篇，%）

省区市名称	记录数量	被引频次	篇均被引频次	篇均被引频次排名	未被引论文数量	未被引论文占比	未被引论文占比排名
北京市	1 178	1 851	1.57	1	631	53.57	4
江苏省	569	788	1.38	7	314	55.18	8
浙江省	436	604	1.39	6	239	54.82	6
广东省	404	508	1.26	11	234	57.92	11
山东省	366	502	1.37	8	202	55.19	9
陕西省	319	471	1.48	5	154	48.28	1
上海市	304	411	1.35	9	182	59.87	12
湖北省	287	299	1.04	14	173	60.28	13
河南省	280	416	1.49	3	147	52.50	2
四川省	279	360	1.29	10	153	54.84	7
河北省	254	317	1.25	12	144	56.69	10
辽宁省	251	375	1.49	3	133	52.99	3
湖南省	235	365	1.55	2	128	54.47	5
新疆维吾尔自治区	195	201	1.03	15	121	62.05	15
福建省	193	209	1.08	13	118	61.14	14

图 5.12 展示了发文 TOP15 各省区市 CSCD 论文的被引频次分布。可以看出，大部分论文未被引用，其次是被引频次处于 1~5，再次是 6~15，被引频次大于 15 次的论文数量较少。北京市有 12 篇被引频次大于 15 的论文，江苏省 5 篇，河北省和辽宁省 4 篇，其余省区市均在 4 篇以下。福建省被引频次在 1~5 次的论文 68 篇，在 6~15 次的论文 5 篇，大于 15 的论文 2 篇。

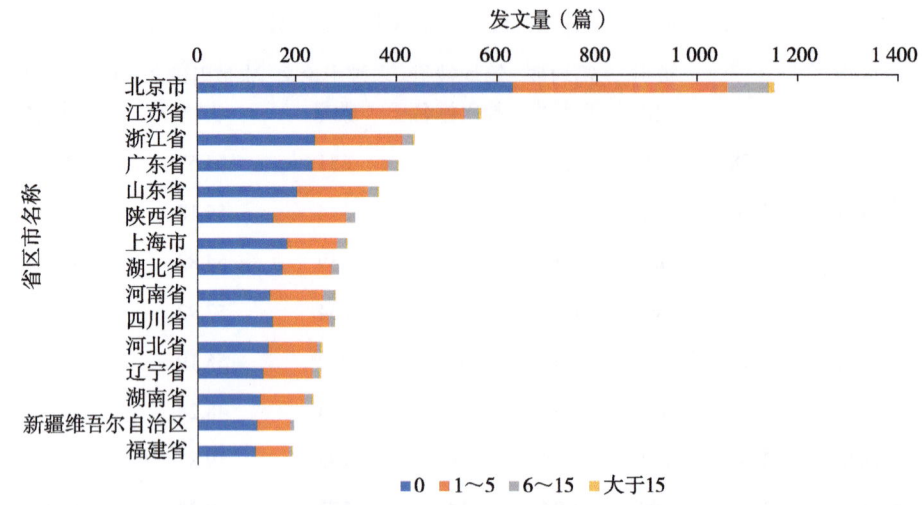

图 5.12　农产品质量安全领域 CSCD 论文被引频次分布

5.4　研究热点与发展趋势

基于福建省农产品质量安全领域发表的 236 篇 SCI 论文的全部关键词（作者关键词与 web of science 数据库提取的关键词），利用 VOSviewer 软件对该领域 SCI 论文主题聚类和热点进行挖掘，生成聚类图和热力图。并且将 TOP10 主题词的年度发展趋势进行展示。

福建省农产品质量安全领域 SCI 论文的研究集中在 3 个主题（图 5.13）：第一个主题（红色聚类）聚焦于蔬菜（vegetables）、谷物（grain）对消费者（consumer）的价值（value）研究，围绕人类健康（human health）、水平（level）、地区（area）、检测（detection）、方法（methods）、风险（risk）、范围（limits）、类型（type）、应用（application）、成分（component）、参数（parameter）及时间（time）等方面进行研究。第二个主题（绿色聚类）聚焦于果实发育（fruit development）的研究，围绕基因（genes）、表达（expression）、表达模式（gene expression patterns）、发育阶段（developmental stages）、通路（pathway）、新陈代谢（metabolism）、特性（chatacterization）、转录组（transcriptome）等方面进行研究。第三个主题（蓝色聚类）聚焦于马铃薯（potato）的传染病（infection）的病原体（pathogens）研究，围绕响应（response）、代谢物（metabolites）、丰度（abundance）、栽培品种

（cultivars）、类黄酮（flavonolds）等方面进行研究。

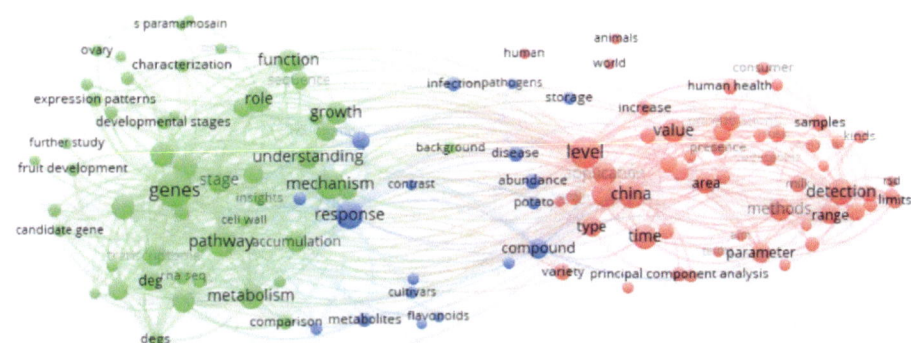

图 5.13　福建省农产品质量安全领域 SCI 论文主题聚类

图 5.14 为福建省农产品质量安全领域 SCI 论文的研究热点。可以看出，基因（genes）、机制（mechanism）、通路（pathway）、响应（response）、鉴定（detection）、功能（function）、生长（growth）等为该领域主要的研究热词。

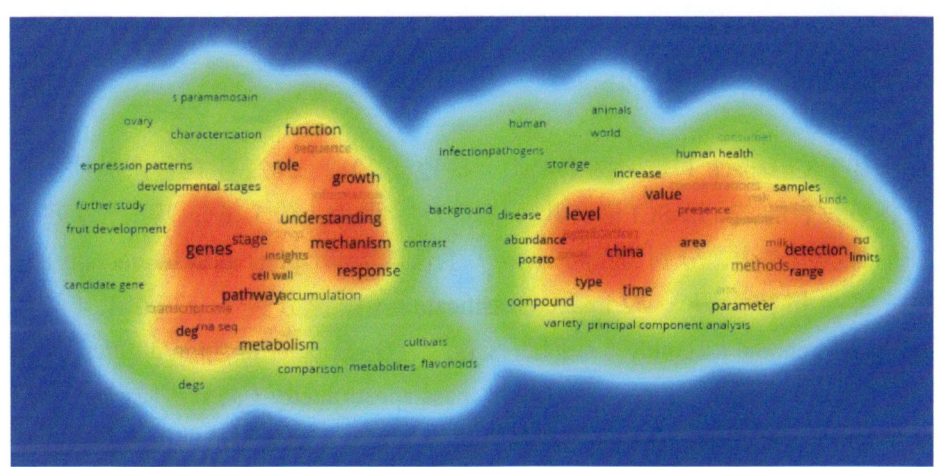

图 5.14　福建省农产品质量安全领域 SCI 论文研究热点

福建省农产品质量安全领域 SCI 论文 TOP 主题词的年度发展趋势如图 5.15 所示。基因（genes）、表达（expression）、转录组（transcriptome）、水果（fruits）、新陈代谢（Metabolism）、生物合成（biosynthesis）、蛋白质（proteins）、分子机制（molecular mechanisms）、人类健康（human health）、光合作用（photosynthesis）是 2018—2022 年发文增长较多的主题词。

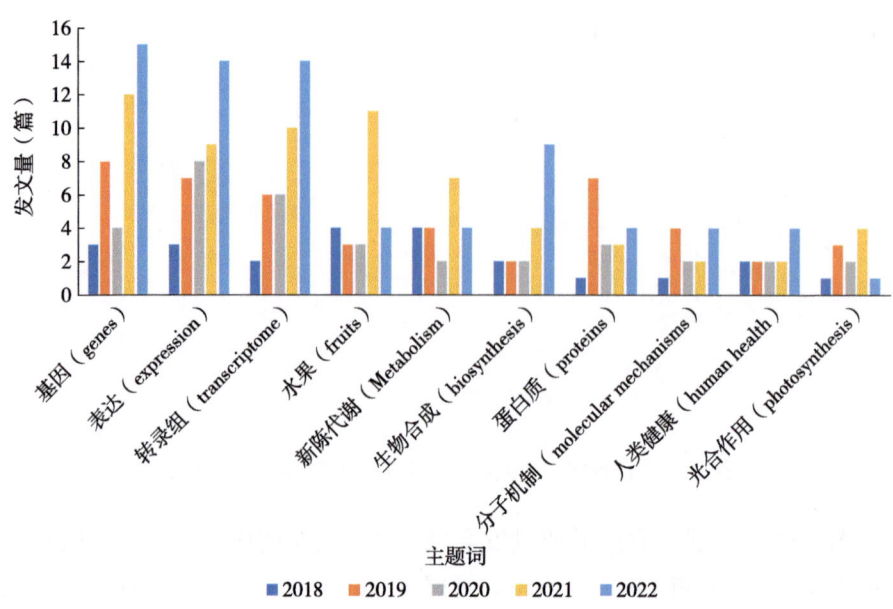

图 5.15 福建省农产品质量安全领域 SCI 论文 TOP 主题词发展趋势

5.5 前沿主题识别

基于 Citespace 共被引网络聚类，福建省 2018—2022 年在农产品质量安全领域发表的 236 篇 SCI 论文共可形成 23 个聚类（图 5.16），其中显著度最高的聚类有 7 个，分别为：#0 auxin（生长素）、#1 plant-pest interaction（植物-害虫相互作用）、#2 image classification（图像分类）、#3 potato（马铃薯）、#4 genome assembly（基因组装配）、#5 sex determination/differentiation（性别决定/分化）、#6 high resolution mass spectrometry（高分辨质谱法）。以上为 2018—2022 年福建省在农产品质量安全领域主要布局的前沿主题。各前沿主题中的高被引文章信息如表 5.7 所示，这些文章是各前沿主题中需要重点关注的文章。

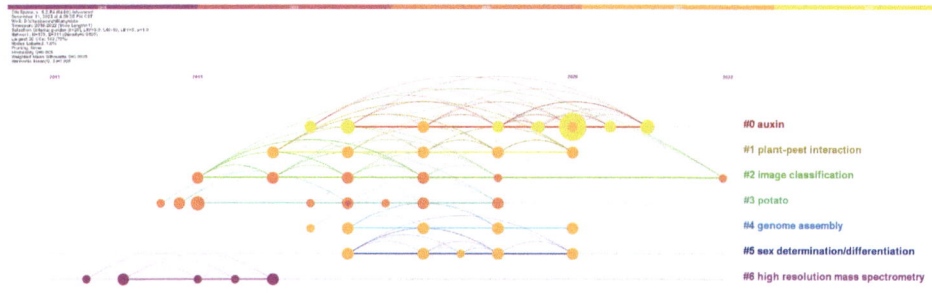

图 5.16　福建省农产品质量安全领域 SCI 论文研究前沿

表 5.7　农产品质量安全领域各前沿主题被引频次排名前十的论文

被引频次	引文信息	数字对象标识符（DOI）	集群 ID
11	Chen CJ，2020，MOL PLANT，V13，P1194	10.1016/j.molp.2020.06.009	0
4	Hu B，2015，BIOINFORMATICS，V31，P1296	10.1093/bioinformatics/btu817	7
3	Su WB，2017，SCI HORTIC-AMSTERDAM，V224，P142	10.1016/j.scienta.2017.06.012	0
3	Su WB，2021，HORTIC RES-ENGLAND，V8，P0	10.1038/s41438-021-00586-z	0
3	Su WB，2021，P NATL ACAD SCI USA，V118，P0	10.1073/pnas.2101767118	0
3	Kim D，2015，NAT METHODS，V12，P357	10.1038/NMETH.3317，10.1038/nmeth.3317	3
2	Kim D，2019，NAT BIOTECHNOL，V37，P907	10.1038/s41587-019-0201-4	0
2	Yadav V，2020，PATHOGENS，V9，P0	10.3390/pathogens9040312	1
2	Goyal RK，2016，FRONT PLANT SCI，V7，P0	10.3389/fpls.2016.00901	1
2	Yang XH，2019，PLANT BIOTECHNOL J，V17，P1700	10.1111/pbi.13133	1

5.6 福建省农产品质量安全技术发展趋势小结

2018—2022年，全国农产品质量安全领域共发表SCI论文7 929篇，CSCD论文5 936篇；福建省发表SCI论文236篇，CSCD论文193篇。SCI和CSCD的全部作者和核心作者发文量均呈整体上升态势。

SCI论文计量分析结果表明，福建农林大学、厦门大学和福建省农业科学院是福建省农产品质量安全领域SCI论文排名前三的机构，TOP机构发文量总体呈现连续增长态势，其中福建农林大学各年度发文量有明显的优势。福建农林大学的植物保护学院、生命科学学院、食品科学学院、农学院、资源与环境学院及动物科学学院，福建农林大学中国-爱尔兰国际合作食品物质学与结构设计研究中心、作物遗传育种与综合利用教育部重点实验室、闽台作物有害生物生态防控国家重点实验室，厦门大学的海洋与地球学院、环境与生态学院及化学化工学院等是农产品质量安全领域SCI发文较为集中的团队。合作情况表明，福建农林大学与其他机构的合作发文最为紧密。

各省区市在农产品质量安全领域的SCI学术生产力分析结果表明，北京市和江苏省分列SCI全部作者和核心作者发文量的前两位，福建省全部作者发文排名第十五位，核心作者发文排名第五。从SCI论文增长率排名来看，陕西省、河北省、福建省论文增长率排名前三，河北省、陕西省、安徽省核心论文增长率排名前三，福建省核心论文增长率排名第四。

各省区市在农产品质量安全领域的SCI学术影响力分析结果表明，广东省、上海市、北京市是该领域论文影响力较大的省市，福建省篇均被引排名第十一位。北京市、上海市、江苏省是该领域未被引论文占比最少的省市，这些省市发表的论文质量较好，科研成果的影响力更大，更多被他人参考和引用，福建省未被引论文占比排名第四。

CSCD论文计量分析结果表明，福建农林大学、福建省农业科学院和福建医科大学是福建省农产品质量安全领域CSCD论文排名前三的机构，TOP机构发文量总体呈现连续增长态势。福建农林大学园艺学院、食品科学学院、生命科学学院及动物科学学院，福建农林大学作物遗传改良与综合利用教育部重点实验室、茶叶福建省高校工程研究中心、福建省兽医中药与动物保健重点实验室、国家甘蔗工程技术研究中心、福建省农业科学院蔬菜遗传育种重点实验室、福建省特色旱作物品种选育工程技术研究中心、福建省农产品质量安全重点实验室、特色食用菌繁育与栽培国家地方联合工程研究中心、福建省落叶果树工程技术研究中心及特色食用菌繁育与栽培国家地方联合工程研究中心等是农产品质量安全领域 CSCD 发文较为集中的团队。从合作情况看，福建农林大学与其他机构合作最为紧密。

各省区市在农产品质量安全领域的学术生产力分析结果表明，北京市、江苏省、浙江省分列 CSCD 全部作者和核心作者发文量的前三位，福建省全部作者发文排名第十五，核心作者发文排名第十四，核心发文占比排名第一。从 CSCD 论文增长率排名来看，湖北省、福建省、新疆自治区论文增长率排名前三；辽宁省、福建省、湖北省核心作者论文增长率排名前三。

各省区市在农产品质量安全领域的 CSCD 学术影响力分析结果表明，北京市、湖南省、辽宁省和河南省是该领域国内论文影响力较大的省市，福建省篇均被引排名第十三。陕西省、河南省、辽宁省是该领域未被引论文占比最少的省市，这些省市发表的论文质量较好，科研成果的影响力更大，更多被他人参考和引用，福建省未被引论文占比排名第十四。

VOSviewer 生成的聚类图和热力图表明，福建省农产品质量安全领域 SCI 论文的研究热点集中在 3 个主题。第一个主题聚焦于蔬菜（vegetables）、谷物（grain）对消费者（consumer）的价值（value）研究。第二个主题聚焦于果实发育（fruit development）的研究。第三个主题聚焦于马铃薯（potato）的传染病（infection）的病原体（pathogens）研究。基因（genes）、机制（mechanism）、通路（pathway）、响应（response）、鉴定（detection）、功能（function）、生长（growth）等为该领域主要的研究热词。

Citespace 生成的研究前沿聚类图表明，福建省农产品质量安全领域 SCI 论文的研究前沿集中在 7 个主题。分别为：#0 auxin（生长素）、#1 plant-pest interaction（植物-害虫相互作用）、#2 image classification（图像分类）、#3 potato（马铃薯）、#4 genome assembly（基因组装配）、#5 sex determination/differentiation（性别决定/分化）、#6 high resolution mass spectrometry（高分辨质谱法）。

第六章 福建省农业科技总体发展态势

福建省在农业各技术领域的 SCI 发文整体表现力如表 6.1 所示,可以看出,农作物种植领域、现代种业领域和农作物病虫防控领域是发文量最多的三个研究领域。从 SCI 发文的增长率来看,除畜禽水产养殖领域外,其余领域的增长率差别不大。从核心作者发文占比情况来看,农产品加工领域、现代种业领域、农产品质量安全领域的表现较好,说明福建省在以上三个领域的第一/通信作者产出成果较多。从论文增长率情况来看,农产品加工领域和农产品质量安全领域是表现较好的两个领域。从论文篇均被引频次来看,畜禽水产养殖领域的排名最高,说明该领域 SCI 论文的质量较好。

表 6.1 福建省在各技术领域的 SCI 发文表现力情况

学科领域	SCI 发文（篇）	增长率（%）（2022/2018）	全部作者发文排名	核心作者发文占比排名	全部作者增长率排名	核心作者增长率排名	篇均被引频次排名
现代种业领域	976	2.2	11	5	7	7	8
农作物种植领域	1 354	2.11	12	6	11	8	10
农作物病虫防控领域	791	2.11	10	7	9	9	9
畜禽水产养殖领域	178	1.85	16	6	13	14	2
动物疫病防控领域	94	2.44	18	10	4	7	15
农产品加工领域	368	2.95	13	3	5	3	12
农产品质量安全领域	236	2.88	15	5	3	4	11

福建省在农业各技术领域的 CSCD 发文整体表现力如表 6.2 所示,可以看出,农作物种植领域、现代种业领域和农作物病虫防控领域仍然是发文量最多的三个研究领域。从 CSCD 发文的增长率来看,除动物疫病防控领域外,其余领域的增长率差别不大。从核心作者发文占比情况来看,农产品加工领域、现代种业领域、农产品质量安全领域、农作物种植领域的表现较好,说明福建省在以上四个领域的第一/通信作者产出成果较多。从论文增长率情

况来看,农产品加工领域、现代种业领域、农产品质量安全领域、农作物种植领域仍然是表现较好的四个领域。从论文篇均被引频次来看,动物疫病防控领域的排名最高,说明该领域 CSCD 论文的质量较好。

表 6.2 福建省在各技术领域的 CSCD 发文表现力情况

学科领域	CSCD发文（篇）	增长率（%）（2022/2018）	全部作者发文排名	核心作者发文占比排名	全部作者增长率排名	核心作者增长率排名	篇均被引频次排名
现代种业领域	938	1.61	10	1	1	1	8
农作物种植领域	1 151	1.98	11	2	3	1	12
农作物病虫防控领域	461	1.75	10	3	1	4	10
畜禽水产养殖领域	159	1.16	17	15	8	6	16
动物疫病防控领域	88	1.05	10	4	5	5	6
农产品加工领域	313	1.31	12	1	1	1	8
农产品质量安全领域	193	1.42	15	1	2	2	13

综合 SCI 和 CSCD 发文的表现力来看,农产品加工领域、农产品质量安全领域、现代种业领域和农作物种植领域是福建省农业科技的优势领域,而农作物病虫防控领域、畜禽水产养殖领域和动物疫病防控领域是亟待加强研究布局的领域。

附录　各领域技术分解表

（1）现代种业领域

一级技术	二级技术	三级技术
粮食作物	水稻	分子标记辅助选择：简单重复序列（SSR）、竞争性等位基因特异性PCR（KASP）、酶切扩增多态性序列（CAPS）、单倍型（haplotype）、单核苷酸多态性（SNP）、功能型分子标记、基因芯片、高通量测序、InDel标记 基因编辑：CRISPR、TALEN、ZFN 转基因技术：农杆菌介导法、基因枪法 载体构建：组成型表达、诱导表达、组织器官特异表达、种子特异表达 单倍体育种：诱导系、加倍、花药培育 全基因组选择育种 传统育种：种质资源利用、杂交育种、三系法、两系法、温敏不育系、细胞质源
	玉米	分子标记辅助选择：限制性片段长度多态性、随机扩增多态性DNA、随机扩增片段长度多态性DNA、简单重复序列、竞争性等位基因特异性PCR、酶切扩增多态性序列、单倍型、单核苷酸多态性、基因芯片、育种芯片、高通量测序、InDel标记 基因编辑：CRISPR、TALEN、ZFN 转基因技术：农杆菌介导法/农杆菌转化法（根癌农杆菌和发根农杆菌）、基因枪法、花粉管通道法 载体构建：组成型表达、诱导表达、组织器官特异表达 单倍体育种：诱导系 基因组选择：基因组预测、基因组估计育种值、基因分型技术 杂种优势：杂优模式、杂交种预测、杂种优势位点

（续）

一级技术	二级技术	三级技术
粮食作物	薯类	分子标记辅助育种：简单重复序列（SSR）、简单重复区间序列（ISSR）、单核苷酸多态性（SNP）、随机扩增多态性（RAPD）、扩增片段长度多态性（AFLP）、限制性片段长度多态性（RFLP）、QTL 定位 细胞工程：体细胞杂交、人工合成多倍体、原生质体培养染色体工程育种 基因工程：组织培养、花药培养、脱毒苗（无毒苗）、胚珠培养、体胚发生 基因枪法、农杆菌介导法、PEG 介导法、激光转化法、花粉管介导转化法、外壳蛋白基因介导、复制酶基因介导、病毒基因调控、核酶切割 PLRV RNA， 常规育种：种质资源、单交、多交、复合杂交、近交、集团杂交、种间杂交、种内杂交、亲本选配、配合力、自由授粉、结实率、实生苗、辐射诱变（人工诱变）、自然变异 杂交育种（组合育种）、近缘杂交（品种间杂交）、远缘杂交（种间杂交）、杂种优势、亲本选配、二倍体、四倍体、实生种子、采粉、授粉、野生资源利用、引种、试验鉴定、自然变异选择育种、诱变育种（辐射诱变育种、化学诱变育种、芽变育种）、天然子实生苗育种 育种新技术：杂交不亲和、前合子、后合子、倍性操作、胚乳败育、胚挽救法、体细胞杂交、原生质体融合、组织培养、外植体培养、植株再生、组织诱导、花药培养、茎尖脱毒、孤雌生殖、无性多倍化、有性多倍化、2n 配子
经济作物	茶树	引种：简单引种、驯化引种 选择育种：单株选种、个体选种、系谱法选种、集团选种、混合选种 杂交育种：亲本选配、花期、花粉生活力、结实率、简单杂交、复杂杂交、回交、自由传粉、远缘杂交、杂种优势、杂种纯度 倍性育种：多倍体、二倍体 诱变育种：辐射育种、化学诱变 生物技术育种：组织与器官培养、花药与花粉培养、原生质培养、体细胞杂交、基因工程、分子标记（AFLP、SSR、MFLP、RAPD、SRAP、EST-SSR、SCoT） 高光效育种：叶片着生角度、单叶受光

（续）

一级技术	二级技术	三级技术
	食用菌：金针菇、杏鲍菇、真姬菇、绣球菌、双孢蘑菇、秀珍菇、香菇、银耳、白背毛木耳、茶树菇、大球盖菇、竹荪、草菇、灵芝	野生食用菌驯化：种质资源、资源收集、资源鉴定、资源评价 系统选育：组织分离、孢子分离 自然选育 杂交育种：单孢杂交、多孢杂交、纯系亲本 诱变育种：物理诱变、化学诱变 原生质体融合育种：原生质体分享、原生质体融合（PEG诱导融合、电融合）、原生质体再生、亲本标记（营养缺陷标记、抗药性标记、荧光染色标记、灭活标记、同工酶标记）、融合子鉴定 基因工程育种：遗传转化、转基因、基因编辑、多组学分析、交配型基因、高通量测序、单核苷酸多态性、农杆菌介导法、电击转化法、PEG介导法、遗传连锁图谱 分子标记辅助育种：简单重复序列（SSR）、单核苷酸多态性（SNP）、随机扩增多态性（RAPD）、扩增片段长度多态性（AFLP）、限制性片段长度多态性（RFLP）、INDEL标记、多核苷酸多态性（MNP）、基因组结构性变异（SV）
经济作物	果树：龙眼、枇杷、荔枝、橄榄、莲雾、百香果、杨梅、芒果、余甘子、火龙果、柑橘、柚类、百香果、梨、李（柰）、桃、猕猴桃、葡萄、栗	引种：简单引种、驯化引种 选种：实生选种、芽变选种 杂交育种：组合育种、优势育种，简单杂交、回交、复式杂交，远缘杂交、混合授粉、激素调节、生长调节剂、试管授精、体细胞融合、亲本选配、花粉生活力、授粉、高接、矮化砧嫁接 诱变育种：物理诱变（辐射诱变、激光诱变）、化学诱变 染色体倍性育种：多倍体、二倍体、单倍体育种 生物技术育种：离体培养（植株培养、组织培养、器官培养、胚胎培养、细胞培养、原生质培养）、花粉培养、花药培养、茎尖培养、无病毒苗、固体培养、液体培养、培养基、外植体、试管苗、脱毒、愈伤组织、遗传转化（转基因、Ti质粒、T-DNA、外源基因导入、电击法、PEG法、基因枪法） 分子标记：有限制性片段长度多态性（RFLP）、简单序列重复（SSR）、数量可变串联重复（VNTR）、简单重复间序列（ISSR）、随机扩增多态性DNA（RAPD）、DNA扩增指纹（DAF）、扩增片段长度多态性（AFLP）、变性梯度凝胶电泳（DGGE）、温度梯度凝胶电泳（TGGE）、单链构象多态性（SSCP）、单核苷酸多态性（SNP）、基因组辅助育种

(续)

一级技术	二级技术	三级技术
经济作物	蔬菜： 菜豆、菠菜、大白菜、萝卜、番茄、甘蓝、黄瓜、茄子、洋葱、西瓜、丝瓜、苦瓜、瓠瓜、冬瓜、南瓜、黄秋葵、辣椒、茼蒿、上海青、芥菜、生菜、花菜	菜豆、萝卜、番茄、黄瓜 引种、选种 杂交育种：常规杂交（单交、回交、多交）、优势杂交、营养系杂交、远缘杂交 诱变育种：物理诱变（辐射诱变，激光诱变）、化学诱变 倍性育种：多倍体、单倍体 生物技术育种：组织培养、原生质体培养、细胞融合、花药培养、实生选育、离体培养、基因工程 分子标记：有限制性片段长度多态性（RFLP）、简单序列重复（SSR）、数量可变串联重复（VNTR）、简单重复间序列（ISSR）、随机扩增多态性DNA（RAPD）、DNA扩增指纹（DAF）、扩增片段长度多态性（AFLP）、变性梯度凝胶电泳（DGGE）、温度梯度凝胶电泳（TGGE）、单链构象多态性（SSCP）、单核苷酸多态性（SNP） 甘蓝 生态育种（ecological breeding）、株型（plant architecture）、高光效（high photosynthetic efficiency） 杂种优势利用（utilization of heterosis）：自交不亲和（self-incompatibility）、细胞质雄性不育（cytoplasmic male sterility）、细胞核雄性不育（nuclear male sterility）、显性雄性不育（dominant male sterility）、一般配合力（general combining ability）、特殊配合力（specific combining ability） 杂交育种（cross breeding）：近等基因系（near-isogenic lines，NILs）、高代自交系（advanced inbred lines）、重组自交系（recombinant inbred lines，RILS）、轮回选择（recurrent selection）、系谱选择（pedigree selection）、聚合育种（pyramiding breeding）、遗传分析（genetic analysis） 远缘杂交育种（distant hybridization）：胚胎挽救（embryo rescue）、基因组原位杂交（GISH）、渐渗系（introgression lines，ILs）、染色体片段代换系或导入系（chromosome segment substitution lines） 细胞工程育种（cell engineering breeding）：小孢子培养（microspore culture）、双单倍体（DH）、体细胞融合（somatic cell fusion） 诱变育种（mutation breeding）：甲基磺酸乙酯（EMS）、辐射诱变（radiation mutagenesis）、航天育种（space breeding）

（续）

一级技术	二级技术	三级技术
经济作物	蔬菜：菜豆、菠菜、大白菜、萝卜、番茄、甘蓝、黄瓜、茄子、洋葱、西瓜、丝瓜、苦瓜、瓠瓜、冬瓜、南瓜、黄秋葵、辣椒、茼蒿、上海青、芥菜、生菜、花菜	分子标记辅助选择（molecular marker assisted selection）：限制性片段长度多态性（RFLP）、随机扩增片段长度多态性DNA（AFLP）、简单重复序列（SSR）、酶切扩增多态性序列（CAPS）、单核苷酸多态性（SNP）、数量性状混池测序快速定位（QTL-seq）、插入缺失标记（InDel maker）、竞争性等位基因特异性PCR（KASP）、单倍型（haplotype）、功能型分子标记（functional molecular markers） 基因组学辅助育种（genomics-assisted breeding）：基因芯片（gene chip）、高通量测序（high-throughput sequencing）、全基因组背景选择（genomic selection，GS）、全基因组关联分析（genome-wide association analysis，GWAS） 基因编辑（gene editing）：CRISPR-Cas9、TALEN、ZFN 转基因技术（transgene technology 或 genetically modified technology）：农杆菌介导法（agrobacterium mediated method）、基因枪法（gene gun method）、植物病毒介导法（plant virus mediated method）、花粉管通道法（pollen tube channel method） 辣椒 种质资源（Germ plasm resource）、聚类分析（cluster analysis）、远缘杂交（Distant hybridization）、细胞质雄性不育（cytoplasmic male sterility）、细胞核雄性不育（nuclear male sterility）、自交系（Inbred line）、杂种优势利用（utilization of heterosis）、高产（high yield）、优质（high quality）、配合力（combining ability）、遗传分析（genetic analysis）、制种技术（Seed production technique）、鲜食辣椒（Fresh Chilli）、加工辣椒（Processed Chili） 分子标记辅助选择（molecular marker assisted selection）：随机扩增多态性DNA（RAPD）、随机扩增片段长度多态性DNA（AFLP）、简单重复序列（SSR）、酶切扩增多态性序列（CAPS）、单核苷酸多态性（SNP）、用重测序方法定位数量性状位点（QTL-seq）、InDel标记（InDel maker）、全基因组关联分析（GWAS）、混池测序（BSA-seq）、基因编辑（gene editing）、背景选择（background selection）、前景选择（foreground selection） 群体轮回选择（group recurrent selection）：核不育轮回选择群体构建（construction of recurrent selection population）、轮回亲本（Recurrent parent）、基因库建拓（construction and extension of gene pool）、 单倍体育种（haploid breeding）：小孢子培养（microspore culture）

（续）

一级技术	二级技术	三级技术
经济作物	花卉（同菜豆、萝卜、番茄、黄瓜）	西瓜 分子标记辅助选择（Molecular marker assisted selection）：有限制性片段长度多态性（RFLP）、简单序列重复（SSR）、数量可变串联重复（VNTR）、简单重复间序列（ISSR）、随机扩增多态性DNA（RAPD）、DNA扩增指纹（DAF）、扩增片段长度多态性（AFLP）、变性梯度凝胶电泳（DGGE）、温度梯度凝胶电泳（TGGE）、单链构象多态性（SSCP）、单核苷酸多态性（SNP） 引种、选种 杂交育种：常规杂交（单交、回交、多交）、优势杂交、营养系杂交、远缘杂交 诱变育种：物理诱变（辐射诱变、激光诱变）、化学诱变、太空育种 倍性育种：多倍体、单倍体 生物技术育种：组织培养、原生质体培养、细胞融合、花药培养、实生选育、离体培养、基因工程 分子标记：有限制性片段长度多态性（RFLP）、简单序列重复（SSR）、数量可变串联重复（VNTR）、简单重复间序列（ISSR）、随机扩增多态性DNA（RAPD）、DNA扩增指纹（DAF）、扩增片段长度多态性（AFLP）、变性梯度凝胶电泳（DGGE）、温度梯度凝胶电泳（TGGE）、单链构象多态性（SSCP）、单核苷酸多态性（SNP）
畜禽	畜牧：猪、牛、羊、鸡、鸭	分子标记辅助选择：限制性片段长度多态性（RFLP）、随机扩增多态性DNA（RAPD）、随机扩增片段长度多态性DNA（AFLP）、简单重复序列（SSR）、单倍型（haplotype）、单核苷酸多态性（SNP）、功能型分子标记、基因芯片、高通量测序、InDel标记、数量性状基因座（QTL）、飞行时间质谱（TOF）、全基因组关联分析（GWAS）、BLUP遗传评估 基因组编辑：锌指核酸酶（ZFN）、转录激活因子样效应物核酸酶/转录激活子样效应子核酸酶（TALEN）、规律成簇间隔短回文重复序列（CRISPR/Cas9）、定点整合、友好基因座 转基因技术：原核显微注射、体细胞核移植、精子载体法、逆转录病毒载体、脂质体、转座子、RNA干扰（RNAi、shRNA、siRNA）、多基因聚合、基因打靶 载体构建：诱导表达、调控表达、组织特异表达

（续）

一级技术	二级技术	三级技术
水产	水产：水产动物——绿鳍马面鲀、曼氏无针乌贼、大刺鳅、海参、西施舌、黄姑鱼、对虾、大黄鱼、石斑鱼、鲍鱼、牡蛎、海参、贝类水产植物——海带和紫菜	引种、驯化选择育种：人工选择、遗传变异、定向选择、个体选择、家系选择、同胞选择、复合选择、间接选择杂交育种：增殖杂交（一次杂交）、回交、复合杂交（三交、双交）、品系杂交、种间杂交、细胞核移植核酸诱导：转化、外源DNA、外源mRNA细胞培养、组织培养：工具酶、原生质体、海带配子体、孢子体细胞融合、基因编辑分子标记辅助选择：限制性片段长度多态性（RFLP）、随机扩增多态性DNA（RAPD）、随机扩增片段长度多态性DNA（AFLP）、简单重复序列（SSR）、单倍型（haplotype）、单核苷酸多态性（SNP）、功能型分子标记、基因芯片、高通量测序、InDel标记、数量性状基因座（QTL）、飞行时间质谱（TOF）、全基因组关联分析（GWAS）

（2）农作物种植领域

一级技术	二级技术	三级技术
粮食作物	水稻：制种、常规稻、杂交稻、早稻、中稻、晚稻、单季稻、双季稻、头季稻、再生稻、优质稻、抗病虫	栽培技术：湿润育秧、芽期、幼苗期、成苗期、地膜（薄膜）保温育秧、密封期、炼苗期、揭膜期、温室育秧、盘根期、壮苗期、钵苗旱育秧、机插秧、旱育壮秧、秧苗素质、带蘖壮秧、播种期、分蘖期、成秧率、整齐度、直播、移栽、抛秧、机械插秧、栽插密度、合理密植、简化栽培、覆膜栽培、氮高效栽培、绿色栽培、免耕栽培、免耕抛秧、混作稻栽培、垄作（垄畦）栽培、节水、节肥、超高产、灾害防控、化学调控、生育期、齐穗期、返青期、拔节期、幼穗分化期、灌浆结实期、调节剂、稻糠、留桩高度、田间管理、保护性耕作、残茬覆盖、种养结合、稻-虾、稻-蟹、稻-鱼、机械化栽培、钵苗机插、机插毯苗、控种、控水、化控、土壤生态、土壤性状、土壤养分；肥料利用率、精确施肥、定量施肥、水分管理、精确灌溉、湿润灌溉、干湿交替灌溉、旱作孔栽法、深施肥、病虫防治、统防统治、低温冷害、生物防治、物理防治、机械除草、轮作控草、生物除草、抗倒伏植物工厂

（续）

一级技术	二级技术	三级技术
粮食作物	玉米	栽培技术：种子处理（拌种、浸种、包衣）、直播（条播、穴播、机播）、育苗移栽、苗床育苗、营养块育苗（方格育苗）、苗床管理，产前、产中、产后，轮作、间作、套作、混作、生育期、种植时间、籽粒生产效率、资源利用效率、劳动生产效率、种植密度、合理密植、密度调控、增密栽培、整齐度、成熟度、全膜覆盖、全膜双垄沟播、膜侧栽培、地膜覆盖、秸秆覆盖、免耕、群体光合、群体质量、高光效群体、调土强根技术、平整土地、培肥地力、机械化、机械收获、滴灌、水肥一体化、平衡施肥、精准生产、精耕细作、肥料调控、测土配方、土壤改良、保护性耕作、源库调控、土壤结构、土壤有机质、土壤有效养分、土壤深耕、整地、节水栽培、遥感技术、3S技术、地理信息、生长模拟、栽培决策、信息技术、智能化栽培、精准管理、田间管理、病虫防治、机械防治 植物工厂
	薯类	甘薯 栽培技术：间作、套作、连作、混作、脱毒种薯繁殖、茎尖组织培养、脱毒试管苗、原原种薯、育苗、薯块育苗、塑料薄膜覆盖育苗、酿热温床覆盖薄膜育苗、露地育苗、种薯消毒、苗床管理、藤蔓育苗、嫩蔓、假植繁苗、整地、土壤条件、土壤酸碱性、垄作、基肥、追肥、栽插、栽插期、栽插密度、合理密植、直插、斜插、水平插、田间管理、灌溉、中耕松土、除草、培土、促苗肥、壮株肥、促薯肥、夹边肥、裂缝肥、平衡施肥、翻蔓、提蔓、地膜覆盖栽培、节水栽培、水肥一体化、机械化、绿色化、轻简化 植物工厂 马铃薯 栽培技术：整地、作畦、基肥，播种、种薯处理、种薯切块、小整薯、催芽、播种期、种植密度，田间管理、中耕松土、除草、培土、追肥、防治病虫害 植物工厂

（续）

一级技术	二级技术	三级技术
经济作物	茶树	栽培技术：园地选择、茶园规划、茶园设计、园地垦辟、选种、茶树繁殖、茶树扦插、苗圃地、扦插苗畦、扦插发根、插穗、采穗母树、扦插时间、扦插密度、直播、斜插、水分管理、荫棚管理、追肥、中耕除草、除蕾、防寒保苗、茶树种植、茶子直播、茶苗移栽、种植规格、矮化密植、茶树修剪、树冠、分枝、定型修剪、轻修剪、深修剪、台刈、茶树嫁接、茶园施肥、测土配方施肥、平衡施肥、根部施肥、叶面施肥、茶园耕锄、中耕、浅锄、机械化、设施栽培、大棚覆盖栽培、遮阳网覆盖栽培、无土栽培、营养液栽培、喷雾水培、温度调控、病虫防治、冻害预防；生态茶园、绿色生产、丰产栽培、茶园改造、换种改植
	食用菌：金针菇、杏鲍菇、真姬菇、绣球菌、双孢蘑菇、秀珍菇、香菇、银耳、白背毛木耳、茶树菇、大球盖菇、竹荪、草菇、灵芝	植物工厂 栽培方式：林下栽培、仿野生栽培、大棚栽培、反季节栽培、立体栽培、工厂化栽培、熟料袋栽、半熟料袋栽、生料袋栽、菌柱栽培、菌墙栽培、轮作、连作、套种 制种技术：菌种厂规划、菌种厂建设、制种设备、原料处理、灭菌设备、接种设备、培养设备、保存设备、母种培养基、原种培养基、栽培种培养基、培养基消毒、培养基灭菌、菌种分离（孢子分离、组织分离、基内菌丝分离）、菌种培养、菌种鉴定、菌种保藏 栽培技术：培养料选择、培养料配制、培养料灭菌、菌种接种、发菌期、出菇管理、病虫害防治
	果树：龙眼、枇杷、荔枝、橄榄、莲雾、百香果、杨梅、芒果、余甘子、火龙果、柑橘、柚类、百香果、梨、李（柰）、桃、猕猴桃、葡萄、栗	栽培技术：生态栽培、绿色栽培、设施栽培、病虫害防治 苗圃苗木培育：苗圃地、母本园、种子、自根繁殖、接穗、采种、采穗、繁殖区、实生苗培育区、自根苗培育区、嫁接苗培育区 苗圃地：苗圃地规划、苗圃地建设、露地苗圃、设施苗圃 嫁接繁殖：嫁接苗培育、实生砧木、芽接、枝接、根接、茎尖嫁接 无病毒苗木培育：脱毒、微茎尖培养、茎尖嫁接、珠心胚实生苗 种子采集：层积处理 播种：春播、秋播、条播、点播、撒播 自根砧木培育：自根砧、自根砧母本园 扦插苗培育：自根繁殖、枝插、根插、叶插、压条、分株、露地扦插、容器扦插、插条生根、剥皮、纵刻伤、环状剥皮、黄化处理、加温处理、药剂处理

（续）

一级技术	二级技术	三级技术
经济作物	果树：龙眼、枇杷、荔枝、橄榄、莲雾、百香果、杨梅、芒果、余甘子、火龙果、柑橘、柚类、百香果、梨、李（柰）、桃、猕猴桃、葡萄、栗	大棚温室栽培：大棚栽培、温室栽培、光照条件、温度、湿度、保温、气体条件、水分条件、土壤条件、智慧大棚、AI智能 果园规划：气候条件、土壤条件、水源条件、果园道路、建筑物、生态模式、防护林、排灌设施、水土保持 果树栽植：栽植时期、栽植密度、矮化密植 土壤管理：土壤改良、土壤性质、土壤微生物 果树施肥：施肥量、沟施、滴灌、水肥一体化 果园灌溉：地面灌溉、喷灌、定位灌溉、地下灌溉、灌溉时期、灌溉量、节水栽培 整形修剪：骨干枝、枝组、辅养枝（控制枝）、树冠，修剪时期、疏剪、长放、枝条角度、根系修剪 花果管理：保花保果、坐果率、人工授粉、蜜蜂授粉、生长调节、疏花疏果、人工疏花疏果、化学疏花疏果 果形果穗：果形调控、果穗整形、果实着色、果穗套袋、果实套袋、果面保护剂 植物生长调节剂：生长素、赤霉素、细胞分裂素、乙烯发生剂、生长延缓剂、生长抑制剂
	蔬菜	栽培方式：露地栽培、大棚栽培、反季节栽培、防虫网覆盖栽培、设施栽培、有机栽培、机械化栽培 大棚栽培技术：大棚结构、大棚建造、温度、光照、湿度、土壤营养、调控技术、薄膜、遮阳网、无纺布、智能大棚、病虫害防治、土传性病虫害、气传病害、综合防治、植物检疫、农业防治、生物防治、物理防治、化学防治、日光温室 植物工厂：光源、光照、补光、光配方、吸光度、无土栽培、营养液膜栽培、浮板毛管水培技术、循环利用、营养液配方、信息传感，水培、雾培、基质栽培、组培、智能温室、智能控制、立体栽培、人工光、电子传感系统、二氧化碳、高产高效、周年生产、循环生态、营养调控、生物技术、建筑工程、环境控制、机械传动、材料科学、设施园艺、计算机科学、深液流技术（DFT）、水培装置、营养液调控、环境调控、物联网、自动化 育苗技术：大棚育苗、苗床播种、苗床管理、炼苗、嫁接育苗、地热线温床育苗、容器育苗、苗龄、工厂化育苗、人工光、自然光、基质配比、穴盘育苗、播种机、苗期管理、基质含水量 田间管理：温湿度、肥水、病虫防治

(续)

一级技术	二级技术	三级技术
经济作物	花卉	栽培方式：露地栽培、大棚栽培、温室栽培（温室盆栽、温室地栽）、无土栽培、基质栽培、气雾栽培、水培（营养液膜法 NFT、深液流法 DFT、浮板毛管水培 FCH、动态浮根法、鲁 SC 系统）、设施栽培、立体栽培、规范化栽培
		繁殖方式：有性繁殖、种子繁殖、无性繁殖、扦插繁殖、分生繁殖、嫁接繁殖、压条繁殖、孢子繁殖、组织培养
		温室/大棚栽培：温度、湿度、光度、水分、CO_2 气体、营养液，自动化、调节、机械化、智能化、计算机控制、信息技术、温室建造、温室结构、塑料大棚、大棚结构，基质、培养土、盆栽、喷灌、喷雾、滴灌、地面灌溉、地下灌溉、蒸腾强度、施肥、控释肥、整形、修剪、矮化技术、花期控制、植物生长调节剂、病虫害防治

（3）畜禽水产养殖领域

一级技术	二级技术	三级技术
猪、牛、羊、鸡、鸭、禽	养殖模式	设施养殖、规模化养殖、健康养殖、无抗养殖、种养结合
	设施养殖	环境因子、空气、温度、湿度、监控系统、信息技术、预测模型
	污染减排	养殖环境、发酵床、益生菌、污水减排、有害气体、环境监测、种养结合、降铜、降锌、除臭
	无抗养殖	发酵床、低蛋白氨基酸平衡日粮、益生菌、二甲酸钾、发酵饲料、粗纤维
	环境生理	粗纤维、短链脂肪酸（挥发性脂肪酸）、性腺轴、生长轴、内分泌、福利行为、光周期、温湿度
	日粮平衡	营养平衡、碳水化合物、脂肪、蛋白质、粗纤维、维生素、生长曲线、拟合曲线、自由采食、限饲
	饲料	粗饲料、青绿饲料、青贮饲料、能量饲料、蛋白质饲料、矿物质饲料、维生素饲料、饲料添加剂
	抗营养因子	黄曲霉毒素 B_1、非淀粉多糖、瘦肉精
	优质高产等	生长速度、饲料转化率、生产性能

（续）

一级技术	二级技术	三级技术
牛、羊	饲料营养	饲养标准、饲料配方、日粮营养、配合饲料、全混合日粮、秸秆饲料、饲料资源、生长性能、生长速度、疾病发生率
	饲料资源开发	秸秆利用、秸秆饲料、菌渣、豆渣、作物废弃物、饲料资源
	养殖	生态养殖、共生养殖、健康养殖、单养、套养、轮养、混养
	微生态制剂	益微生物、益生素、益生菌、益生元、利生菌、活菌剂
水产	饲料营养	全价饲料、蛋白质、氨基酸、糖类、脂类、脂肪类、维生素、纤维素、矿物质
	饲料配制	配合饲料、软颗粒料、膨化饲料、蛋白质饲料、能量饲料、粗饲料、青绿饲料、生物饵料、饲料添加剂、营养性添加剂、非营养性添加剂
	养殖管理	养殖密度、养殖容量、环境监测、水质调控、病害防控
鱼类	养殖模式	池塘养殖、网箱养殖、工厂化养殖、小山塘养殖、大水面养殖、高位池养殖、帆布池养殖、水库养殖、网围养殖、围栏养殖、稻田养殖、港湾养殖、跑道式养殖、海洋牧场
甲壳类	养殖模式	滩涂养殖、池塘养殖、水泥池养殖、高位池养殖、帆布池养殖、网箱养殖、围网养殖、港湾养殖
贝类	养殖模式	筏式养殖、滩涂养殖、网笼养殖、沉箱养殖、网箱养殖、围池养殖、埕田养殖、围网养殖、吊绳养殖、投石养殖、插竹养殖、桥式养殖、立石养殖、栅式养殖、垒石蒙网养殖（鲍）、吊养（牡蛎）、底播（扇贝）
软体类（鲍鱼）	养殖模式	笼养
藻类	养殖模式	筏式养殖、网帘养殖
棘皮类（海参）	养殖模式	笼养、池养、底播

（4）农作物病虫害防控领域

一级技术	二级技术	三级技术
农药	杀虫剂、杀菌剂、除草剂、植物生长调节剂	植物病害 plant disease、虫害 insect pest、植物源农药 plant-derived pesticide、微生物源农药 microbial pesticide、生物化学农药 biochemical pesticide、农用抗生素 agricultural antibiotics、植物免疫诱抗剂 plant immunity inducer、化学农药 chemical pesticide、有机农药 organic pesticide
绿色防控	病虫害综合防控、可持续病虫害防控	农业防治技术 agronomic practices、栽培技术 cultural practices、生态调控技术 ecological regulation techniques、信息素诱控 pheromone trapping、光诱控 light trapping、抗性品种 resistant cultivars、毒性抑制剂 virulence inhibitor
生物防治	生防防治；生物防治物；天敌昆虫；生物农药	寄生蜂 parasitic wasp、寄生蝇 Parasitic flies、步甲 ground beetle carabid、螳螂 mantis、瓢虫 ladybug, ladybird、捕食螨 predatory mite、昆虫病原真菌 entomopathogenic fungus、绿僵菌 Metarhizium anisopliae、球孢白僵菌 Beauveria bassiana、哈茨木霉 Trichoderma harzianum、里氏木霉 Trichoderma reesei、盾壳霉 Coniothyrium minitans、毛壳菌 Chaetomium、轮枝菌 Verticillium、淡紫拟青霉 Paecilomyces lilacinus、施氏假单胞菌 Pseudomonas stutzeri、黄褐假单胞菌 Pseudomonas fulva、链霉菌 Streptomyces、苏云金芽孢杆菌 Bacillus thuringiensis、枯草芽孢杆菌 Bacillus subtilis、巨大芽孢杆菌 Bacillus megaterium、地衣芽孢杆菌 Bacillus licheniformis、球形芽孢杆菌 Bacillus sphaericus、胶质芽孢杆菌 Bacillus mucilaginosus、解淀粉芽孢杆菌 Bacillus amyloliquefaciens、贝莱斯芽孢杆菌 Bacillus velezensis、多黏类芽孢杆菌 Paenibacillus polymyxa、甲基营养芽孢杆菌 Bacillus methylotrophicus、无致病力青枯菌 avirulent Ralstonia solanacearum 等

（5）动物疫病防控领域

一级技术	二级技术	三级技术
防控技术：（预防 or 防控 or 防制 or 防治） 畜禽疾病汇总： • 禽霍乱（avian cholera 、poultry cholera 、fowl cholera）、鸡新城疫（newcastle disease$）、鸡白痢（pullorum、Pullorosis）、鸡痘（fowl pox、folwpox、FPV）、鸭瘟（duck plague）、猪流感（swine influenza）、猪源牛病毒性腹泻病毒（"bovine viral diarrhea" near/2（pig or swine））、猪流行性腹泻（porcine epidemic diarrhea）、猪德尔塔冠状病毒（病）（porcine deltacoronavirus）、羊肠毒血症（enterotoxaemia）、羊快疫（braxy）、羊猝狙、羊传染性胸膜肺炎（（contagious pleuropneumonia、contagious caprine pleuropneumonia）near/3（sheep or goat$ or lamb$））、羊痘（pox near/3（sheep or goat$ or lamb$））、羊地方性流产 • 畜禽（pig$ or swine or porcine or cattle or cattles or cow or cows or calf or calve$ or sheep or goat$ or lamb$ or chick or chicken or hens or duck$ or poultry or poultries）（猪 or 牛 or 羊 or 鸡 or 鸭）——禽流感（avian influenza）、圆环病毒（病）（"porcine circovirus" or "PCVD$"）、口蹄疫（foot-and-mouth disease/ aphthae epizooticae）、炭疽（anthrax）、布鲁氏菌病（brucellosis）、巴氏杆菌病（pasteurellosis）、大肠杆菌病（colibacillosis\ Colon Bacillus Disease）、结核病（tuberculosis）、弯曲菌病（campylobacteriosis）、皮霉菌病（dermatomycosis）、肉毒梭菌病（"Clostridium botulinum" near/3 poisoning）、传染性角膜结膜炎（"infectious keratoconjunctivitis" or "keratoconjunctivitis infectiosa"）、溶血性链球菌病（Hemolytic streptococcosis）、腹泻（diarrhea）、肺炎（pneumonia）、传染性脓疱口炎（infectious pustular stomatitis）、蓝舌病 bluetongue、传染性法氏囊病（Infectious bursal disease，IBD）、传染性支气管炎（infectious bronchitis）、传染性喉气管炎（infectious laryngotracheitis/ infectious laryngo-tracheitis）、马立克氏病（marek's disease/ mareks disease）、减蛋综合征 egg drop syndrome、葡萄球菌病 staphylococcosis、坏死性肠炎（necrotic enteritis/necrotizing enterocolitis/ necrotizing enteritis）、伤寒 typhoid、副伤寒 paratyphoid、曲霉菌病 aspergillosis、支原体病（mycoplasmosis/ mycoplasma）、念珠菌病（candidiasis/ oidiomycosis）、出血症 hemorrhagic disease、传染性浆膜炎（infection* serositis/ transmissible serositis/infective serositis）、沙门氏菌病 salmonellosis /salmonella、球虫病（Einerioiine、coccidium）、组织滴虫病 histomoniasis、住白细胞虫病 leucocytozoonosis、蛔虫病 ascariasis、绦虫病（tapeworms、cestode） • 猪伪狂犬（pseudorabies）、猪细小病毒病（parvovirus）、猪繁殖与呼吸综合征病毒（PRRSV）（reproducti$$ and respiratory syndrom$）；	免疫增强剂	大肠杆菌热敏性肠毒素黏膜佐剂、黏膜佐剂、干扰素、白介素"IL-"、中药

（续）

一级技术	二级技术	三级技术
	疫苗	细胞悬浮培养技术（"cell$ suspension culture" or "suspension culture"）、病毒性病原灭活技术 pathogen inactivation、乳化技术（emulsification or emulsify* or emulsion）、病毒分离纯化技术（"isolation and purification of prv" or（virus near/7 isolation））、克隆技术（clone or cloning）、重组蛋白技术（"recombinant protein$" or（recombinant near/5 vaccine））、病毒传代致弱（（attenuation or attenuate$）near/7 vaccine）、病毒浓缩技术（viru$ near/5（concentration or concentrate$ or enrichment））、黏膜免疫（（mucosal or mucous）near/3（immunization or immunity or immune or immunology））、口服免疫（（oral or orally）near/5（immunization or immunity or immune or immunology or administration or inoculation or vaccin*））

（续）

一级技术	二级技术	三级技术
	检测、诊断	猪腹泻病原高通量检测（high-throughput or "high throughput"）、抗体检测（antibodies or antibody）、抗原检测（antigen$）、免疫荧光（immunofluorescence or immunofluorescent）
	核酸检测	遗传进化分析（"phylogenetic analysis" or "genetic analysis" or "evolution* analysis" or "genetic variation" or "genetic evolution"）、多重PCR（（multiplex or multiple or duplex or quadruple or double）near/2（PCR or pcr or "polymerase chain reaction"））、聚合酶链反应PCR（PCR or pcr or "polymerase chain reaction"）、（荧光定量）PCR RT-PCR、（实时PCR）Real-Time PCR、重组酶聚合酶扩增RPA（"Recombinase polymerase amplification" or RPA）、TMA-MB、环介导等温扩增技术LAMP（"Loop-mediated isothermal amplification" or LAMP）

（续）

一级技术	二级技术	三级技术
防控技术：（预防、防控、防制、防治） 水产疾病汇总： 鲤春病毒血症（spring viraemia of carp virus）、白斑综合症（white spot syndrome）、草鱼出血病（grass carp hemorrhage、grass carp hemorrhagic disease、haemorrhage of grass carp）、传染性脾肾坏死病 Infectious spleen and kidney necrosis、锦鲤疱疹病毒病（koi herpesvirus disease）、病毒性神经坏死病（viral nervous necrosis）、流行性造血器官坏死病（epizootic haematopoietic necrosis）、斑点叉尾鮰病毒病（channel catfish virus、channel catfish herpes virus）、传染性造血器官坏死病（infectious hematopoietic necrosis virus、infectious hematopoietic necrosis）、病毒性出血性败血症（viral haemorrhagic septicaemia）、流行性溃疡综合征（fish Epizootic Ulcerative Syndrome）、桃拉综合征（taura syndrome）、黄头病（yellow head disease、yellow head virus）、罗氏沼虾白尾病（White tail disease，WTD）、对虾杆状病毒病（Monodon baculovirus disease）、传染性皮下和造血器官坏死病（infectious hypodermal and hematopoietic necrosis virus，IHHNV）、传染性肌肉坏死病（infectious myonecrosis，IMN）、鮰类肠败血症（catfish，enteric septicemia）、迟缓爱德华氏菌病（edwardsiella tard）、小瓜虫病（ichthyophthirius、Ichthyophthiriasis）、黏孢子虫病（myxosporea）、三代虫病（gyrodactyliasis）、指环虫病（dactylogyriasis、dactylogyrusis）、河蟹颤抖病（trembl* disease）、斑节对虾杆状病毒病（monodon baculovirus disease）、鲍脓疱病（abalone pox disease）、鲍立克次体病（Balickettsia disease abalone）、鲍病毒性死亡病（Bao virus death disease）、包纳米虫病（Bonamia）、折光马尔太虫病（Marteilia refringens in Shellfish）、奥尔森派琴虫病（Perkinsus olseni）、鳖腮腺炎病（turtle* parotiditis）、蛙脑膜炎败血金黄杆菌病（Chryseobaclerium meningosepticum）、水霉菌病（pathogenic Saprolegnia、saprolegnia parasitica）、鳃霉病（Branchiomycosis、fungous disease of gill）、扁弯口吸虫（Oblique cutworm）、锚头鳋（lernaea）、中华鳋（sinergasilus）、碘泡虫（Myxobolus）、鳃隐鞭虫（cryptobia branchialis）、血卵涡鞭虫（Hematodinium） • 鱼（fish）或淡水养殖（freshwater aquiculture、mariculture）或水产（aquacultur*、fisher*）——刺激隐核虫病（Cryptocaryon irritans）、细菌性败血症（acterial hemorrhagic disease、bacterial septicemia diseases）、孢子虫（包囊）（sporozoa、cytocyst、cysts）、纤毛虫（ciliophora）、车轮虫（Wheelworm）、指环虫（dactylogyrus）、斜管虫（Chilodonella*）、复口吸虫（Diplostomum）、华枝睾吸虫（clonorchiosis） 链球菌病（streptococcosis、streptococcus disease、streptococcal disease）、球虫（Einerioiine、coccidium）、绦虫（tapeworms、cestode）	生态防控	养殖水环境调控、无特定疫病养殖区（无规定动物疫病区）、鱼类养殖应激管理、水体增氧、藻相平衡、微生态制剂应用

（续）

一级技术	二级技术	三级技术
	消毒剂	生石灰 quicklime、漂白粉（bleach or bleaching）、甲醛 formaldehyde、碘制剂（"iodine preparation" or "iodine tablet" or "iodine products" or "iodine agents"）、二氧化氯 chlorine dioxide、强氯精（"strong-chloride" or "strong chlorine"）、高锰酸钾 potassium permanganate
	免疫预防	水产疫苗（(aquatic or aquiculture) and (vaccine$ or vaccination or immunization$)）、免疫增强剂（immunopotentiator$ / immunostimula*/ Immunity/ immunoenhance*）
	药物防治	中草药（"chinese herb$" or "chinese medicinal herb$" or "chinese herbal" or "chinese herbal medicine$" or "chinese medicine$"）、硫酸新霉素 Neomycin sulfate、土霉素 terramycin（多西环素 doxycycline）、恩诺沙星 Enrofloxacin、氟苯尼考 florfenicol、病毒灵 moroxydine、病毒唑 ribavirin
	免疫学检测	

（6）农产品加工领域

一级技术	二级技术	三级技术
水果、蔬菜、粮食、食用菌、茶叶	脱水干燥	热风干燥（Hot air drying）、红外线干燥（infrared ray drying）、微波干燥（microwave drying）、冷冻干燥（freeze drying）
	提取	水提（Water extraction）、醇提（alcohol extraction）、醚提（ether extraction）、酯提（ester extraction）
	检测	气相（Gas phase）、液相（liquid phase）、气质联机（online temperament）、核磁共振（nuclear magnetic resonance）、质构（texture）、感官评价（sensory evaluation）、微量元素（trace elements）、营养成分（nutrients）：蛋白质（Protein）、膳食纤维（dietary fiber）、糖分（sugar）、脂肪（fat）、水分（water）、维生素（vitamins）、矿物质（minerals）、功能成分（functional components）：黄酮（Flavonoids）、多肽（polypeptides）、多糖（polysaccharides）、多酚（polyphenols）、皂甙（saponins）、醛类（aldehydes）、萝卜硫素（sulforaphane）、生物碱（alkaloids）
	检验	重金属（Heavy metals）、农药残留（pesticide residues）、微生物（microorganisms）
	贮藏	采收（Collection）、预冷（precooling）、贮藏（storage）、保鲜（preservation）、冷藏（cold storage）、气调（air conditioning）、生物（biology）、化学（chemistry）、货架期（shelf life）
	加工	
畜禽产品（畜禽食品）	肉品加工：腌腊制品、酱卤制品、肉干制品、烧烤制品、香肠制品、火腿制品预制菜	贮藏保鲜：栅栏技术、低温保鲜、冷冻保鲜、辐射保鲜、真空包装保鲜、充气包包装保鲜、化学保鲜（保鲜剂） 品质评定：肉色、肌红蛋白、嫩度、柔软性、易碎性、可咽性、风味、滋味、芳香、保水性、多汁性 加工辅助材料：谷氨酸钠、肌苷酸钠、鸟苷酸钠、蔗糖、葡萄糖、饴糖、食盐、酱油、醋酸、柠檬酸、香辛料、添加剂（发色剂、着色剂、品质改良剂、抗氧化剂、防腐剂） 加工技术：腌制（干腌、湿腌、盐水注射、混合腌制）、粉碎、混合、乳化、煮制、熏制、干制、油炸、脱水、脱水干燥、溶质脱水

（续）

一级技术	二级技术	三级技术
畜禽产品（畜禽食品）	乳品加工： 原料乳、酸乳、炼乳、乳粉、干酪、稀奶油、奶油、冰激凌、冰淇淋	消毒杀菌技术：热处理、微滤、脉冲高压电场、高压、脉冲高强度光、辐射、离心杀菌、脉冲高强度磁场、超声波、高压力二氧化碳、高压均质；阻抗、电介质、微波和射频、感应、红外线，过氧化氢、抗菌素、抗菌霉、聚阳离子聚合物、气调包装 生产工艺：离心分离、浓缩、真空浓缩、干燥、离心喷雾干燥、脱脂
	蛋品加工： 腌制蛋（皮蛋、咸蛋、糟蛋）、湿蛋制品（液蛋、冰蛋品、湿蛋黄制品、浓缩液蛋）、干燥蛋制品（干蛋白片、蛋粉）	贮藏保鲜：冷藏、CO_2气调法、液浸法、涂膜法、巴氏杀菌法、射线辐射法 加工技术：腌制、浸泡、包泥、烧碱溶液浸泡、发酵、干燥、脱糖 深加工技术：溶菌酸、蛋清水解物、免疫球蛋白、卵磷脂、蛋黄油、浓缩、结晶
	加工、贮藏、保鲜	
水产品加工	水产品： 鱼、鱼片、虾类、贝类、调理食品、鱼糜制品、水产干制品、水产调味品、烤鳗制品、藻类健康食品、预制菜	贮藏保鲜：保鲜方法：冷空气保鲜法、冰鲜法、微冻保鲜法、气调低温保鲜法、流态床（IQF）冷冻、栅栏技术 鲜度评定：微生物学方法 加工技术：冷冻加工、盐水冻结法、空气冻结法、接触式冻结法、平板冻结、单体冻结法、前处理、冻结、后处理、镀冰衣，调味、成形、高压灭菌、干燥脱水，低温干燥、冷冻干燥、腌渍、糟醉渍、醋渍、熏制、罐装冷藏 海洋功能性活性成分：胶原蛋白、甲壳素、硫酸氨基葡萄糖、多孔羟基磷灰石基骨修复材料 影响因素：肌基质Pr、肌红蛋白、不饱和脂肪酸、还原糖、氨化合物、酪氨酸酶、脂肪氧化 添加剂：抗氧化剂、防腐剂
	加工、贮藏、保鲜	

（7）农产品质量安全领域

一级技术	二级技术	三级技术
农产品 Agro-products、食用菌 Edible fungi、蘑菇 mushroom、蔬菜 Vegetables、水果 fruits、鸡 Chicken、蛋 Egg、奶 Milk、中华绒螯蟹 crab、鳝鱼 Catfish、水 water、土壤 soil	风险筛查 risk screening	农药 Pesticide、重金属 Heavy metal、添加剂 additive、外源 exogenous、内源 endogenous、毒蘑菇 Poisonous mushroom、毒素 poison、残留 The residual、危害 harm、助剂 additives、真假鉴别 True and false identification、掺假鉴别 Adulteration to identify、菌种种属鉴定 Identification of species and genera、微塑料 microplastic、塑化剂 plasticizer、铅 Lead、铬 chromium、镉 cadmium、汞 mercury、砷 arsenic、镍 nickel、抗生素 Antibiotics、兽药 Veterinary drug
	暴露评估与预警 Exposure risk assessment and warning	风险等级评价 Risk rating、膳食摄入量 Dietary intake、暴露量 Exposure levels、每日容许摄入量 Acceptable daily intake、可耐受摄入量 Tolerable intake、安全系数 Safety factor、不确定度 The uncertainty、毒理学评价 Toxicological evaluation、损害作用 damage、非损害作用 Nondestructive action、混合毒性 Joint toxicity、风险阈值 Risk threshold
	风险防控 Risk Prevention and Control	全过程控制 Whole process control、追溯 traceability、GAP、包装 packaging、合格证制度 Certification system
	品质评价 Quality Evaluation	营养素 nutrients、功能活性组分 Functional active component、生理功效 Physiological functions、小分子代谢物 Small molecule metabolites
	风险交流 Risk Communication	地理标志农产品 Geographical indication of agricultural products、有机食品 The organic food、有机农业 Organic agriculture、绿色食品 Green food、名特优新 Former state、特色农产品 specific agricultural products、品牌 brand
	组学分析技术 Omics Analysis Technology	PCA、PLS-DA、OPLS-DA、热图分析 Heat map analysis、火山图分析 Volcanic map analysis、蛋白组学 proteomics、代谢组学 metabonomics、转录组学 transcriptome、代谢通路 Metabolic pathways、数据库 database、指纹图谱 fingerprint

附录　各领域技术分解表

（续）

一级技术	二级技术	三级技术
农产品 Agro-products、食用菌 Edible fungi、蘑菇 mushroom、蔬菜 Vegetables、水果 fruits、鸡 Chicken、蛋 Egg、奶 Milk、中华绒螯蟹 crab、鳝鱼 Catfish、水 water、土壤 soil	色质谱检测 GC/LC/UPLC-MS/MS	气相色谱 GC、全二维气相色谱 GC·GC、气相嗅闻仪 GC-O、气相色谱-质谱联用仪 GC-MS、高效液相色谱 HPLC、超高效液相色谱 UPLC、离子交换色谱 IEC、液相色谱-质谱联用仪 LC-MS、磁式质谱-质谱仪 BEB-MS/MS、四级杆质谱-质谱仪 QQQ-MS/MS、飞行时间质谱 TOF-MS、离子阱质谱仪 ITMS、电感耦合等离子体质谱仪 ICP-MS、QuEChERS、液液萃取 Liquid-liquid extraction、固相萃取 SPE、超临界流体萃取 SEF、吹扫捕集 Purge the catcher、微波消解 Microwave digestion
	天然产物分离纯化技术 separation and purification of natural products	薄层层析 Thin-layer chromatography、硅胶柱色谱分离法 Silica gel column chromatography、凝胶柱色谱分离法 Gel column chromatography、高效液相分离法 High performance liquid phase separation
	化合物结构鉴定 Structural Characterization	核磁共振波谱 NMR、紫外光谱 UV、红外光谱 IR、质谱 MS、圆二色谱 CD、旋光度、X 射线单晶衍射 X-Ray
	快速检测 Rapid Detection Technology	功能化 DNA 自组装纳米材料 Functional DNA self-assembly nanomaterials、功能化磁性纳米材料 Functionalized magnetic nanomaterials、共价有机骨架材料 Covalent organic framework material、仿生聚合物材料 Bionic polymer materials、氧化石墨烯 Graphene oxide、分子印迹 Molecular imprinting、量子点 Quantum dot、单克隆抗体 Monoclonal antibodies、高通量微流控速测芯片 High-throughput microfluidic rapid test chip、表面增强拉曼探针 Surface-enhanced Raman probe、生物传感器 biosensor
	活性/毒理学评价 functional activity evaluation/toxicology evaluation	点评估 Some assessment、概率风险评估 Probabilistic risk assessment、累积分布函数 Cumulative distribution function、置信区间 A confidence interval、蒙特卡罗分析 Monte carlo analysis、毒效应谱 Poison effect spectrum、靶器官 Target organ、生物学标志物 Biological marker、剂量-效应关系 Dose-effect relationship、替代试验 Alternative test、评价模型 Evaluation model、营养丰度 Nutrition abundance、替代毒理试验 Alternative toxicology tests、基于 PBPK 模型与 @risk 软件的评估模型 Evaluation model based on PBPK model and @risk software、生物标志物 biomarker、毒理通路与机制 toxicological pathways and mechanisms、暴露评估 Exposure assessment

参考文献

陈开勇，蔡红，张帆，等，2018. 四川农业科技竞争力提升调研报告 [J]. 四川农业与农机，(04): 7-10.

陈丽佳，周海涛，翁锦玉，2008. 地区农业科技竞争力指标评价体系构建研究 [J]. 科技管理研究，7: 144-146

程波，彭嘉琪，王新月，等，2023. 中国水产品质量安全标准体系现状研究 [J]. 中国渔业质量与标准，13(05): 53-66.

董立柱，2023. 农业信息技术的创新发展研究 [J]. 中国稻米，29(01): 140-141.

杜智旭，李佳芮，李兴，等，2022. 基于近红外光谱的农产品质量安全检测研究进展 [J]. 中国沼气，40(06): 12-19.

古纯勤，2024. 农产品质量安全控制和农药残留检测技术 [J]. 世界热带农业信息，(02): 75-77.

郭冬，2016. 我国现代种业调查及分析 [D]. 杨陵：西北农林科技大学．

郭颖，2023. 乡村振兴背景下农业科技创新促进农业经济发展的路径 [J]. 农村经济与科技，34(12): 17-20.

郭珍，2023-03-12. 强化农业科技全链竞争力 [N]. 经济日报，(014).

韩瑞玺，朱岩，2018. 推动农业科技创新 引领现代种业发展 [J]. 中国种业，(06): 5-7.

韩瑜，2023. 粮食检测技术与质量安全探究 [J]. 棉花科学，45(01): 78-80.

洪其双，2022. 我国农业科技发展研究——以福建省为例 [J]. 现代农业研究，28(09): 125-127.

胡明霜，2019. 水稻研究文献的计量分析 [D]. 南京：南京农业大学．

胡斯威，米长虹，师荣光，等，2022. 农业可持续发展研究热点与趋势——基于文献计量的可视化分析 [J]. 农业资源与环境学报，39(01): 1-10. DOI: 10.13254/j.jare.2020.0612.

黄家章，卢士军，姚远，等，2020. 基于文献计量的国际营养导向型农业研究进展可视化分析 [J]. 中国农业科技导报，22(09): 11-21. DOI: 10.13304/j.nykjdb.

2019.0642.

黄晓慧，2024-01-18. 科技赋能现代农业 [N]. 人民日报，(003).

纪高洁，李树君，2018. 新时代中国现代种业发展思路初探 [J]. 中国种业，(08): 1-5.

姜玲，李岩，2023. 基于科学知识图谱的中国农业科技领域研究前沿态势分析 [J]. 农业科技与信息，(11): 157-161.

景树声，2022. 农作物科学种植及病虫害防治技术探讨 [J]. 种子科技，40(01): 106-108.

雷绍海，王成军，2022. 中国农业全要素生产率研究进展与前沿——基于 CiteSpace 的文献计量可视化分析 [J]. 云南农业大学学报（社会科学），16(03): 124-133.

李春宵，2023. 基于非洲猪瘟背景下的重大动物疫病防控措施 [J]. 畜牧兽医科技信息，(10): 155-157.

李海楠，2023-12-13. 农业科技是农业强国建设的"金钥匙" [N]. 中国经济时报，(002).

李世诚，2024. 光谱检测技术在农产品质量安全检测中的应用 [J]. 农业工程技术，44(01): 109-110.

梁红桃，2023. 现代生物技术在动物疫病防制中的应用 [J]. 北方牧业，(18): 11.

刘成成，2023. 基于农业信息化的现代农业发展与展望 [J]. 南方农机，54(07): 171-173, 183.

刘惠燕，2023. 新一代信息技术赋能数字乡村高质量发展研究 [J]. 西南林业大学学报（社会科学），7(03): 9-14.

刘慧，卓富彦，郭荣，等，2023. 2022 年全国水稻病虫害防控植保贡献率评价报告 [J]. 植物医学，2(02): 18-26.

刘京京，2024. 5G 引领现代信息技术促进农业信息化发展研究 [J]. 农业经济，(03): 36-37.

刘娜，2024-01-24. 以科技创新引领农业高质量发展 [N]. 云南政协报，(009).

卢宝荣，2022. 生物种业：打造现代农业科技的"芯片" [J]. 世界科学，(09): 37-40

路明，李岩，孟令聪，等，2018. 强化种业科技自主创新，推动现代种业健康发展 [J]. 中国种业，(01): 8-11.

吕宗顺，2024. 新农业技术与信息技术的发展与推广 [J]. 新农民，(11): 22-24.

亓雪龙，陶吉寒，唐研，等，2017. 国内精准农业研究的文献计量与可视化分析 [J]. 农业图书情报学刊，29(08): 62-65.

邵琰，2022. 中国种业科技创新的影响因素研究 [D]. 郑州：河南财经政法大学.

田儒雅，王红彦，孙巍，2021. 2021 中国农业科技论文与专利全球竞争力分析 [J]. 农学学报，11(12): 10-12.

田儒雅，王红彦，孙巍，等，2024. 2023 中国农业科技论文与专利全球竞争力分析 [J]. 农学学报，14(03): 10-12.

庭静，2023-09-18. 强化科技赋能 推进现代种业高质量发展 [N]. 贵阳日报，(002).

王朝霞，2022. 农作物病虫害绿色防控技术 [J]. 河北农业，(10): 79-80.

王杰，2020. 我国种业科技发展现状及解决方法 [J]. 种子科技，38(21): 29-30.

王瑞，2017. 基于文献计量分析的小麦科研实力国际比较研究 [D]. 合肥：安徽农业大学.

王伟，2022. 实验室检测技术在动物疫病防控中的应用策略 [J]. 畜禽业，33(12): 36-38.

王卫中，2005. 中国种业整合研究 [D]. 北京：中国农业科学院.

吴明来，2023. 现代信息技术在农产品质量安全监管中的应用 [J]. 食品安全导刊，(21): 35-38.

吴长好，韩军，王文玉，等，2023. 农作物生产中病虫害绿色防控技术研究 [J]. 农业开发与装备，(09): 177-178.

向琴，2024. 农产品质量安全的检测技术 [J]. 食品安全导刊，(12): 46-48, 52.

肖畅，2023. 基于文献计量学的中国农业科技传播研究发展趋势探析 [J]. 湖北开放大学学报，43(06): 51-57.

肖培长，2023. 中小规模猪场重大动物疫病防控策略 [J]. 畜牧兽医科技信息，(10): 80-82.

解沛，宋子涵，熊明民，2022. 中国种业不同历史阶段发展成效与展望 [J]. 中国农业科技导报，24(10): 1-5.

薛洲，高强，2023. 从农业大国迈向农业强国：挑战、动力与策略 [J]. 南京农业大学学报（社会科学版），23(01): 1-15.

杨玲，2023. 浅析数字农业技术在农产品质量安全智慧监管中的应用 [J]. 农学学报，13(06): 97-100.

杨舒，2022-12-19. 我国农业科技论文与专利竞争力稳居全球第一方阵 [N]. 光明日报，(008).

姚丽，朱爱君，2023. 农作物病虫害绿色防控技术策略与研究 [J]. 河北农机，(05): 142-144.

尹子豪，李洁光，2015. 制定农业科技创新战略 增加我国农业整体竞争力 [J]. 吉林农业，(22): 33.

袁建霞，万劲波，2023. 强化国家农业战略科技力量的战略思考 [J]. 科学学与科学技术管理，44(10): 35-43.

袁志锋，2008. 中国种业的形成与种业科技发展的研究 [D]. 长沙：湖南农业大学.

张东林，赵雪，刘胜利，2023. 设施农作物病虫害绿色防控技术 [J]. 河南农业，(25): 51.

张小甫，赵朝忠，符金钟，等，2015. 我国农业科技发展现状及趋势研究 [J]. 农业科技与信息，(12): 34-36.

赵冰欣，卢海博，赵海超，等，2023. 作物病虫害防控技术研究进展 [J]. 南方农业，17(05): 157-162，170.

赵芳莲，2023. 乡村振兴背景下农业科技创新对农业经济发展的影响 [J]. 山西农经，(22): 114-116.

赵娜，2023. 农产品质量安全检测技术现状与发展探讨 [J]. 农村实用技术，(07): 15-16.

郑小芬，柴旺，2023. 以高水平科技自立自强建设农业强国理路探析 [J]. 现代农业研究，29(04): 108-111.

周晟，2021. 浅析强化种业科技创新对现代农业发展的影响 [J]. 种子科技，39(20): 133-134.

周其森，2023. 以农业科技创新引领农业高质量发展 [J]. 河南农业，(20): 1.